LA
[GRAMM]AIRE EN ACTION

COURS RAISONNÉ ET PRATIQUE
DE
LANGUE FRANÇAISE
PAR JEAN FLEURY

CORRIGÉ
[DE]S EXERCICES D'APPLICATION
ET
RÉPONSES AUX QUESTIONS
AVEC DES EXERCICES SUPPLÉMENTAIRES
FORMANT
UN COURS COMPLET DE DICTÉES
sur toutes les parties de la grammaire

DEUXIÈME PARTIE — ORTHOGRAPHE
ET PRONONCIATION

PARIS
C. BORRANI, LIBRAIRE-ÉDITEUR
RUE DES SAINTS-PÈRES, 9

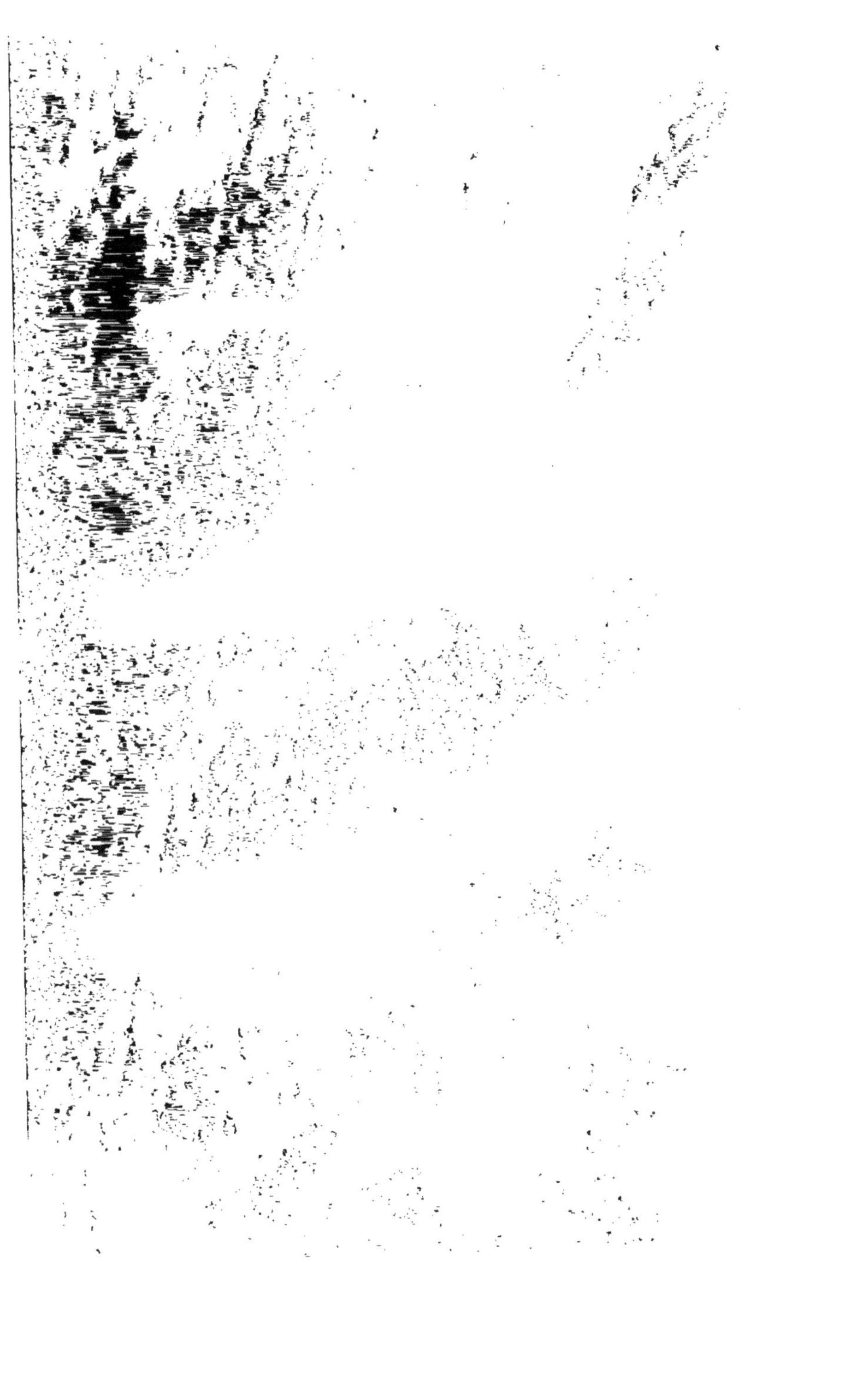

25899.

GRAMMAIRE EN ACTION

CORRIGÉS ET RÉPONSES

DEUXIÈME PARTIE — ORTHOGRAPHE ET PRONONCIATION

La Grammaire en action se compose de trois parties :

1re PARTIE : PRINCIPES DE LA GRAMMAIRE, applicables à toutes les langues. 1 vol. in-12, cartonné. Prix : 1 fr.

2e PARTIE : ORTHOGRAPHE, comprenant l'orthographe grammaticale, l'orthographe usuelle, la prononciation et la ponctuation. 1 vol. in-12, cartonné : 1 fr. 50.

3e PARTIE : SYNTAXE. 1 vol. in-12, cartonné : 2 fr.

Les CORRIGÉS des Exercices d'application et les RÉPONSES aux questionnaires contenus dans les trois parties de la grammaire se vendent séparément.

1re partie. 1 vol. in-12, cart. : 1 fr.
2e partie. 1 vol. in-12, cart. : 1 fr. 25.
3e partie. 1 vol. in-12, cart. : 1 fr. 50.

<hr>

OUVRAGES DU MÊME AUTEUR :

I. **Manuel élémentaire de style et de composition.** Choix de 280 sujets gradués, anecdotes, contes, descriptions familières, dialogues, fables à traduire en prose ou à développer, proverbes à commenter, dissertations, scènes, discours, lettres ; par JEAN FLEURY (Paris, Gauguet et Pougeois, 12, rue Cassette).

MODÈLES ET SUJETS, partie de l'élève. 1 vol. in-12.
CORRIGÉS, partie du maître. 1 vol. in-12.

II. **Manuel élémentaire de la littérature française.** Biographie et morceaux choisis des plus célèbres écrivains des 17e, 18e et 19e siècles, avec des notes grammaticales, littéraires et historiques, par JEAN FLEURY (Paris, C. Borrani, 9, rue des Saints-Pères). 1 vol. in-12. 1 fr. 50.
La moitié de l'ouvrage est consacrée aux auteurs contemporains.

III. **Bibliothèque littéraire.** Analyses et extraits de tous les chefs-d'œuvre de la langue française depuis 1600 jusqu'à nos jours, formant une histoire complète de la littérature française, par JEAN FLEURY, CHARLES PARFAIT et G. DE LA FOSSE (Borrani, 9, rue des Saints-Pères ; L. Hachette et Cie, boulevard Saint-Germain, 77). 2 volumes grand in-8, à deux colonnes. 1re partie, Prose ; 2e partie, Poésie : 12 fr.

IV. **Manuel raisonné** *pour la traduction du français en russe et du russe en français*, étude comparative des langues latine, française et russe, par JEAN FLEURY, LOUIS KRESTLING et *** (Saint-Pétersbourg). 1re partie. 1 vol. in-8°.

V. **Un voyage dans le ciel**, entretiens familiers d'un père avec ses enfants et ses amis sur l'astronomie, par JEAN FLEURY. Un beau volume in-8° avec figures, dessins et musique (Paris, librairie de sciences sociales, 13, rue des Saints-Pères).
Cet ouvrage renferme, sous une forme dramatique et piquante, l'exposé le plus clair et le plus complet qui ait encore été fait de la science astronomique : Description de la terre, voyages dans la lune et dans les planètes, voyages des comètes, constitution du soleil d'après les dernières découvertes, description du ciel étoilé, constellations, voie lactée, villages, villes, mondes de soleils ; théorie du son et de la lumière, tableau du ciel pour chaque heure de la nuit aux diverses époques de l'année, notices sur les astronomes célèbres, etc., etc.

<hr>

Impr. génér. de Ch. Lahure, rue de Fleurus, 9, à Paris.

GRAMMAIRE EN ACTION
PAR J. FLEURY

CORRIGÉ

DES EXERCICES D'APPLICATION

ET

RÉPONSES AUX QUESTIONS

AVEC DES EXERCICES SUPPLÉMENTAIRES

FOMANT UN

COURS COMPLET DE DICTÉES

sur toutes les parties de la grammaire

DEUXIÈME PARTIE — ORTHOGRAPHE ET PRONONCIATION

PARIS

C. BORRANI, LIBRAIRE-ÉDITEUR

RUE DES SAINTS-PÈRES, 9

1865

LA
GRAMMAIRE EN ACTION

CORRIGÉ

DES EXERCICES D'APPLICATION

ET RÉPONSES AUX QUESTIONS.

SECONDE PARTIE.

ORTHOGRAPHE.

SECTION I.

ORTHOGRAPHE GRAMMATICALE.

INTRODUCTION.

RÉPONSES AUX QUESTIONS.

Les mots invariables sont ceux qui ne s'écrivent que d'une manière.

Les mots variables sont ceux dont la terminaison change.

L'orthographe usuelle est l'art d'écrire les mots invariables.

L'orthographe grammaticale est l'art d'écrire la partie variable des mots.

Quelques lois générales.

Les réponses aux questions se trouvent aux n°ˢ 158 à 171.

Montrez comment ces règles sont appliquées dans la fable des *deux Renards*. Les lettres auxquelles les règles s'appliquent sont en italiques dans la *Grammaire*.

Cet exercice n'offrant aucune difficulté, nous ne le plaçons pas ici.

EXERCICE ÉCRIT. Copiez le récit suivant en rendant le texte parfaitement correct.

LA POLICE DES SINGES.

Un voyageur raconte le fait qui suit. C'était dans l'Afrique méridionale. Il revenait avec quelque gibier, et s'était assis sous un frangipanier pour se reposer un instant. Tout à coup son oreille est frappée par le bruit d'une conversation turbulente qui peut passer pour une dispute. Il lève les yeux et aperçoit des singes qui se querellent. Le silence se rétablit néanmoins. Probablement une proposition a été agréée, car on voit aussitôt toute la troupe qui se met à secouer vivement les arbres pour en faire tomber les fruits ; puis, cette opération terminée, tous sautent à terre pour recueillir leur récolte. Il se passe alors une scène d'écoliers mal élevés. Les singes s'élancent sur les fruits comme de petits gloutons sur des bonbons. Ils se les disputent, les mordillent, rejettent les uns pour en prendre d'autres, ou se les jettent à la tête. Au plus fort de la mêlée, apparaissent deux grands singes, mâle et femelle, remarquables par leur embonpoint, leurs favoris de neige et leurs cannes de bambous. L'un d'eux profère quelques sons inarticulés. Était-ce le privilége de leur âge? Avaient-ils été choisis ou seulement agréés comme chefs par les autres? Le fait est que le vacarme cessa, et que chacun des singes s'arrangea une attitude humble et soumise. Les fruits qu'on n'avait pas pillés furent recueillis en silence, mis en tas, puis cette besogne terminée, chacun s'éloigna sans bruit, la queue entre les jambes.

DICTÉE SUR L'EMPLOI DES LETTRES ET DES ACCENTS [1].

LE VOYAGEUR ET SES ENNEMIS.

Un homme avait passé sa vie à parcourir le monde. Il avait

---

1. Extrait des *Contes et récits* formant un cours de *Dictées sur l'orthographe grammaticale et l'orthographe usuelle*.

visité en voyageant le pays des *girafes* et les îles où l'on récolte le *girofle*; il avait mangé des *grillades* et des *gigots* de singes dans l'Océanie ; il portait un *gilet* de peau de buffle, des bottes de peau d'élan, un bonnet de peau de castor, et il couchait habituellement sur une peau d'ours, dépoui*lles* des animaux qu'il avait tués.

Un jour qu'il chassait dans l'Amérique du Nord, la *gibecière* pleine de *gibier*, il fut assai*lli* par une terrible *giboulée*; il trouva un abri et un *gîte* dans une caverne de *gypse* ou plâtre. Fatigué de la *gymnastique* qu'il avait faite, il ne tarda pas à s'endormir. Il était là *gisant* depuis une heure, et se remettant de sa fatigue, lorsqu'il fut révei*llé* par des cris épouvantables, qui passaient de la voix grave à la voix aiguë avec une incroyable rapidité. Le voyageur *juge* qu'il est entouré d'une multitude d'ennemis, il saute sur son fusil, puis s'avançant avec précaution, il essa*ie* de surprendre ces voisins qui l'effra*ient* ; mais il part d'un *éclat* de rire en reconnaissant la nature de ces terribles ennemis. Ce sont de petits singes à taille exiguë, qui se récréent en gambadant et en se balançant avec leurs queues aux branches des arbres. Ils n'ont pas plus tôt aperçu le *voyageur* et son fusil, que le vacarme va croissant, mais il ne tarde pas à s'éloi*gner*, car si le *voyageur* est rassuré maintenant sur leurs intentions, les singes le sont moins sur les sie*nnes*.

Tout ce vacarme était l'œuvre des alouates ou singes hurleurs, qui n'ont d'effrayant que leurs cris.

« J'aurais dû m'en douter, pensa le *voyageur*, ce sont toujours les plus bruyants qui sont les moins à craindre.

CHAPITRE I.

NOMS, QUALIFICATIFS, DÉTERMINATIFS.

I

FORMATION DU PLURIEL.

RÉPONSES AUX QUESTIONS.

Les noms et les adjectifs sont terminés au pluriel par les lettres *s*, *x*, *z*.

Pour indiquer le pluriel, on ajoute généralement un *s* au singulier.

Dans les mots en *au* et en *eu*, on ajoute un *x*.

Il y a une exception pour *au : des landaus*, et une exception pour *eu : des yeux bleus*.

Les noms en *ou*, qui prennent un *x* au pluriel, sont : *caillou, hibou, chou, pou, genou, joujou, bijou*.

Les autres prennent *s : coucous, filous, verrous*, etc.

Les mots en *al* ont généralement le pluriel en *aux: animaux, signaux*, hommes *loyaux*, etc.

Les noms qui ont le pluriel en *al*, sont : *aval, bacchanal, régal, pal, carnaval, narval, nopal, serval, chacal*.

Pour le sens de ces mots, voir la note, p. 10.

Les adjectifs en *al* font leur pluriel en *aux*, comme les noms : *égal, égaux*, etc.

Quelques adjectifs en *al* n'ont pas de pluriel masculin.

Une dizaine font leur pluriel en *als : pascals, glacials, navals, fatals, finals, nasals, initials, théâtrals, natals*.

Onze noms en *ail* prennent un *s* au pluriel. Ce sont *attirail, camail, détail*, etc. Les sept autres font leur pluriel en *aux*, etc.

La réponse aux autres questions se trouve au nᵒ 180.

EXERCICES. I. Faites voir l'application de ces règles dans la fable suivante.

Les chiffres renvoient aux numéros de la *Grammaire*.

L'ARAIGNÉE ET LE VER A SOIE.

« Qu'est-ce que vous faites-là depuis deux mois (173), roulés dans ces feuilles de mûrier ? demandait dédaigneusement une araignée à quelques (173) vers (173) à soie ses voisins (173). Il me semble que vous faites les paresseux (174) et que votre travail (179) n'avance guère. Regardez-moi plutôt : il n'y a pas une demi-heure que j'ai commencé à tendre mes toiles (173) sur ces houx (175), et déjà tout est terminé. Qu'il vienne un moucheron ou tout autre animal (179), mes filets lui seront fatals (177), j'en réponds !

— Je ne t'envie point ton art de tendre un piége à de pauvres (173) bêtes (173) innocentes (173), répondit au nom de tous (175) ses frères un des insectes (173) interpellés (173), il paraît que tu as besoin de cela pour satisfaire tes appétits brutaux (177); pour moi, je suis heureux (174) de pouvoir me contenter d'une nourriture plus frugale (177). Quant à tes travaux (179), tu fais vite, il est vrai; mais combien de temps (173) dure ton œuvre ? Que des oiseaux (174) l'effleurent; qu'un enfant y jette des cailloux (175) ; bien moins, qu'une guêpe essaie de passer par les trous (175), et voilà tes toiles déchirées. Les nôtres, au contraire, sont à l'épreuve du temps (173), et après des siècles, nos fils seront aussi forts que le premier jour. Tes produits d'ailleurs, personne n'en fait cas (173); on les jette aux (174) ordures ; tandis que dans tous (175) les lieux (174) où il y a des fêtes, dans les bals (176), les plus belles dames (173) sont fières (173) de se parer des nôtres (173). Nous faisons lentement, mais nous faisons bien. Tu vas beaucoup plus **vite** que nous, mais le beau mérite de faire vite, quand on fait mal !

II. Mettez au pluriel les noms et les adjectifs dans les morceaux suivants.

LES PETITS NAUFRAGÉS.

.... Le navire ne pouvait plus être sauvé. Tout au plus restait-il à recueillir quelques-uns de ses débris. Les enfants s'y employèrent.

« Prenons d'abord les outils et les ferrailles, dit Charles.
Des clous et des verrous nous seront plus utiles que des bijoux, et des haches que des joujoux. » Aussi, au premier
voyage, n'emporta-t-on que des marteaux, des couteaux, des
flambeaux, des haches, des ciseaux et autres objets de ce genre.
En arrivant à terre, Henri tomba à genoux sur sa bêche.
« Voudrais-tu déjà planter des choux? » lui demanda Paul.
Mais il se releva avec une prestesse semblable à celle des sapa-
jous lorsqu'ils sautent dans les acajous. « Est-ce qu'il y a des
ruines dans ce pays-ci? dit Henri. Ce sont bien des hiboux que
j'entends ; il paraît que du fond de leurs trous, ils ne voient
pas le jour, puisqu'ils font déjà entendre leurs cris nocturnes.
— Il y a aussi des coucous, dit Marie ; décidément, nous
sommes en pays de connaissance. Mais regardez-donc la jolie
enceinte de nopals rapprochés ! Il y a une esplanade au milieu ;
quels jolis bals champêtres on pourrait faire là ! — Ma chère,
quand nous donnerons ici des bals, ce sera tout au plus aux
singes et aux ours. — Les singes, je m'en arrangerais encore,
ils sont malicieux ; mais les ours avec les grandes fourrures
dont ils ont les bras enveloppés, je refuse de les accepter pour
danseurs. — Oh ! ils n'attendront pas qu'on les invite, et si
nous donnions un bal ici, tu les verrais s'inviter eux-mêmes ;
seulement au lieu de gâteaux, il pourrait bien leur prendre
fantaisie de manger un des danseurs. — Tu n'es bon qu'à
nous créer des épouvantails, Henri. — Ce ne sont pas vos
éventails qui vous défendront, mademoiselle. — Ah bah ! dans
une île qu'on dit formée de coraux empâtés, dans un pays où
les cailloux ont l'air d'être des émaux, il est impossible que
Dieu n'ait pas mis de bons animaux. Si nous pouvions trouver
quelques chevaux ! — Le cheval n'est guère propre à être
lancé, par monts et par vaux, dans ce pays sans routes, et
mieux vaudrait des chameaux. Mais en attendant voici une
caverne avec des soupiraux, et même de superbes portails, ornés d'arbres droits comme des colonnes. Je propose de nous
arrêter ici et d'y faire notre quartier général. Plus-tard nous y
établirons notre maison, et ces arbres nous serviront de pieux.
— Convenu : mais en attendant, je crois que nous n'avons pas

encore tout à fait assez de matériaux, et que nous ferons bien d'augmenter nos approvisionnements. Au bateau donc, avant que la mer l'emporte! Qui m'aime, me suive! — Au bateau ! au bateau !... »

II. La rivière, dont les eaux étaient peu profondes, coulait sur un lit de cailloux ; des bambous croissaient sur ses bords, et, à quelque distance, des pamplemousses étalaient leurs feuilles aux larges éventails ; le jour, les servals et d'autres animaux de ce genre venaient se désaltérer dans les eaux courantes, et le soir, des chacals faisaient retentir la forêt de leurs cris gutturaux. Les bords, du reste, étaient fort inégaux ; des roseaux, qui faillirent devenir fatals aux voyageurs, s'étendaient quelquefois à des distances énormes sur ces terrains marécageux....

Il n'y a pas d'aïeux pour les gens du peuple : c'est à peine s'ils ont entendu parler de leurs aïeuls paternel et maternel.

À la faible lueur que les œils de bœuf laissaient passer dans sa mansarde, il faisait miroiter ses pierreries, ses œils de chat, ses œils de serpent, et il en repaissait ses yeux.

La cathédrale a deux portails ornés chacun de statues sur leurs piédestaux ; mais au portail du nord les personnages ont des gestes théâtrals ; deux personnages colossaux en costume de cardinaux ont été placés aux deux côtés de la rosace.

Les travaux qu'on a exécutés aux deux portails du sud sont de bien meilleur goût. Sur les portes à deux vantaux on a sculpté, dans le chêne, tous les détails du jugement dernier : Jésus au haut des cieux ; à ses côtés, des anges faisant des signaux ; en bas, des hommes et des femmes à genoux ; d'un côté, des bals et des fêtes ; de l'autre, des prisons et des confessionnaux ; des démons affreux servant d'épouvantails aux méchants, et des anges souriant à ceux dont les cœurs furent loyaux et la conduite pure.

II

FORMATION DU FÉMININ.

RÉPONSES AUX QUESTIONS.

Les adjectifs qui se rapportent à un mot féminin sont toujours terminés par un *e* muet.

Les adjectifs en *el, eil, eu, on* et *et* doublent leur consonne finale devant l'*e* muet.

Cinq adjectifs en *et* font exception : *complète, discrète, inquiète, replète, secrète.*

Les adjectifs en *f* font leur féminin en *ve : neuf, neuve.*

Les adjectifs en *x* font leur féminin en *se : heureux, heureuse.*

Par exception, *doux* fait douce ; *faux,* fausse ; *roux,* rousse ; et *préfix,* préfixe.

Les noms et les adjectifs en *eur* font *euse* au féminin, lorsqu'ils sont formés régulièrement d'un participe présent : chant*ant,* chanteur, chant*euse,* etc.

Ceux qui sont formés irrégulièrement d'un participe présent font le féminin en *trice :* bienfais*ant,* bienfai*teur,* bienfai*trice.*

Il y a quelques exceptions :

Enchanteur, pêcheur, vengeur, chasseur, bailleur, vendeur, défendeur, font leur féminin en *eresse,* quoique formés régulièrement d'un participe présent : *enchanteresse,* etc.

Inventeur, inspecteur, exécuteur, persécuteur, font leur féminin en *trice,* quoique formés régulièrement d'un participe présent.

La terminaison *euse* s'emploie en général pour les mots très-usités et familiers.

Certains noms en *eur,* qui s'emploient aussi comme adjectifs, n'ont pas de terminaison spéciale pour le féminin. Ce sont: *auteur,* etc., (188).

Ambassadeur, acteur ; gouverneur, serviteur, font au féminin : *ambassadrice, actrice, gouvernante, servante.*

Les adjectifs en *érieur.* et les comparatifs : *majeur, mineur, meilleur,* prennent simplement un *e* au féminin.

D'autres adjectifs ont une terminaison irrégulière. Voir *Grammaire,* 189.

Fou, mou, beau, jumeau et *vieux,* ont deux formes : devant une voyelle ou un *h* muet, on dit : *fol, mol, bel, jumel, vieil ;* un *bel* enfant, et c'est de cette dernière forme que se tirent les féminins : *folle, molle, belle, jumelle, vieille.*

Pour les autres questions, voir 191, * 81 et * 82 (p. 234).

EXERCICE. I. Mettre au masculin les mots : *prophétesse*, etc. :
Prophète, inspecteur, fou, public, chasseur, protecteur, doux, grec.

II. Mettre au féminin : *auteur*, etc. :
Auteur, danseuse, persécutrice, traîtresse, mulâtresse, gentille, franche, sage, fraîche, menteuse, organisatrice.

III. Mettre au masculin les adjectifs en italiques dans **Ma chaumière**, p. 15, en remplaçant le nom féminin par un nom masculin.

Ma chaumière est un édifice exigu, contigu à la mer, qui se défend de l'autan sous son toit aigu. Sa forme n'a rien de grec et nulle bibliothèque n'en peut fournir le plan [2].

Le rocher qui l'abrite, en fait le séjour favori des oisillons frileux. Le vent le plus malin [3], le plus violent, par un bonheur insigne, devient benin près de mon nid joyeux.

Le rempart extérieur, le moyen majeur de défense, le meilleur mur de clôture de cette humble demeure est un plant de sureaux. Plus près, un chèvrefeuille non encore caduc, forme d'épais berceaux.

Quand l'aurore s'éveille dans son lit vermeil, mon asile est pareil au plus riant palais. Mille fleurs le tapissent, mille fleurs le remplissent des odeurs les plus fraîches.

Le rosier aux bouquets frêles, mais nouveaux chaque jour, en couvre les deux ailes, gravement escorté des ceps jumeaux de deux vignes. Un lierre, ami fidèle des vieux édifices, scelle ma chaumière contre la vétusté ; deux glycines aux rameaux discrets l'environnent l'été de leurs bouquets violets de fleurs odorantes.

Sur mon toit qui s'affaisse, l'iris quelque peu traître [4], l'orpin aux jets épais mêlent leurs tiges fleuries ; le crepis tout re-

---

1. Cet exercice, tel qu'il est fait ici, offre quelques difficultés. On pourra se borner à faire remplacer le nom et l'adjectif féminins par un nom et un adjectif masculins, sans exiger des phrases suivies : un domaine *exigu*, *contigu* à la mer, un toit *aigu*, un livre *grec*, un séjour *favori*, un sourire *malin*, etc.
2. Les plans des édifices réguliers, temples, palais, théâtres, se trouvent dans les bibliothèques.
3. Ce mot ne s'emploie guère au masculin que dans le sens de « plaisant ; » au féminin, il a beaucoup plus d'énergie : une fièvre *maligne*.
4. Il est un peu vénéneux.

vêche, la joubarbe dont les pieds se maintiennent [1] toujours frais, la mousse que le sec ne fane pas, y forment des tapis.

Parfois un oiseau gras comme la caille, las de son voyage lointain, vient s'abreuver au bas de ma cour à l'étang où le canard glouton, le coq, gascon d'humeur, l'oie à l'air fanfaron et le pigeon mignon bavardent bruyamment.

Un mur d'aubépines, bienfaiteur piquant, abrite en protecteur mon tout petit verger, où un fol oiseau, la mésange, vient voltiger auprès des fruits mous du néflier.

La cerise au goût aigrelet, la figue qui fait un secret de sa fleur [2], la pomme aux contours replets, y trouvent un abri. Prunes à la portée des plébéiens, pêches chéries des patriciens [3], fraises dont les racines courent comme des Bohémiens en voyage, mûrissent à l'envi dans mon enclos.

IV. Mettre au féminin les adjectifs dans les vers suivants.

MA CHAUMIÈRE.

2.

Là, point d'heure préfixe ;
Le plaisir seul y fixe
Les repas et les jeux ;
Point de sotte querelle,
Point de fausse nouvelle,
De grosse bagatelle,
De longue kirielle
De bavards ennuyeux.

Point de rude inspectrice,
Point de persécutrice,
Point de sombre inventrice,
De dure exécutrice
D'une inflexible loi ;
Ni maîtres, ni maîtresses
Aux volontés expresses ;
Ici, chacun est roi.

Mon œil, s'il se promène,
Ne voit pas dans la plaine,
Comme au temps des chansons,
De gentilles bergères
Danser, vives, légères,
A l'ombre des buissons.

Diane chasseresse
N'a pas ici de Grèce
Amené ses limiers ;
Aucune enchanteresse
Trompeuse ou pécheresse,
Mortelle ni déesse
N'erre dans ces sentiers.

Mais là sous les yeuses,
Dans les eaux paresseuses

---

1. Elle continue de végéter et de fleurir après qu'on l'a coupée.
2. La fleur reste enfermée dans le fruit, et forme ces grains que l'on y trouve.
3. Elles coûtent plus cher que les prunes.

Des troupes de laveuses
Lavent en caquetant ;
De belles promeneuses,
Souriantes, railleuses,
S'avancent en chantant.

Par delà les platanes,
De fraîches paysannes,
Des vaches alezanes
Vont recueillir le lait ;
Puis des troupes craintives
De brebis inactives,
D'un chien hargneux captives,
Broutent le serpolet.

Ailleurs des moissonneuses,
Alertes travailleuses,
De leurs gerbes nombreuses
Couvrent les champs fauchés ;
Tandis que des glaneuses,
Aux mines souffreteuses,

Ramassent, courageuses,
Les épis négligés.

Et là-bas dans la Manche,
Que les vents laissent franche,
Des nefs à voile blanche
Vont glissant sur les flots ;
Puis une brise douce,
Dans l'air rafraîchi, pousse
La fumée âcre et rousse
Qui monte des hameaux.

Lorsque la nuit tranquille,
Sur ce vallon fertile,
Répand son ombre utile,
Je rentre et dors bientôt ;
Sans que la politique
Ou le soin tyrannique
De la chose publique
Me réveille en sursaut.

V. Mettre au pluriel les noms et les adjectifs ; mettre au féminin les adjectifs, suivant le besoin, dans le morceau suivant.

LA TERRE. — Ce globe immense nous offre, à la surface, des hauteurs, des profondeurs, des plaines, des mers, des marais, des fleuves, des cavernes, des gouffres, des volcans ; et à la première inspection nous ne découvrons en tout cela aucune régularité, aucun ordre. Si nous pénétrons dans son intérieur, nous y retrouvons des métaux, des minéraux, des pierres, des bitumes, des sables, des terres, des eaux et des matières de toute espèce, placées comme au hasard et sans aucune règle apparente ; en examinant avec plus d'attention nous voyons des montagnes affaissées, des rochers fendus et brisés, des contrées englouties, des îles nouvelles, des terrains submergés, des cavernes comblées ; nous trouvons des matières pesantes, souvent posées sur des matières légères, des corps durs environnés de substances molles, des choses sèches, humides, chaudes, froides, solides, friables, toutes mêlées et dans une espèce de confusion qui ne nous présente d'autre image que celle d'un amas de débris et d'un monde en ruine. BUFFON.

V. Tous les hommes ont leurs caprices et leurs originalités qu'il faut savoir leur passer. Les meilleurs ont leurs faiblesses; il faut les leur pardonner.

DICTÉES SUR LE FÉMININ DES ADJECTIFS [1].

(Extraites des *Contes et récits*, etc.)

LA RETRAITE [2].

Ma décision est prise irrévocablement; j'ai mis un terme à mes longues pérégrinations et je dis adieu à la vie active. J'ai trouvé au bord d'une rivière modeste une fraîche et douce solitude et je m'y arrête. J'échappe enfin aux folles agitations du monde, à ses fausses joies et à ses tristesses réelles; je renonce pour jamais aux amitiés inspectrices, aux tyrannies protectrices, aux exigences indiscrètes, aux secrètes trahisons, aux louanges traîtresses et aux espérances trompeuses. Je veux vivre affranchi de toutes ces sujétions hypocrites. Je n'ai emmené avec moi que ma chienne favorite et je ue veux point de tierce personne entre nous. J'ai pour hôtes et voisins une famille d'honnêtes laboureurs aux allures franches ; ils ont une certaine politesse paysanne qui me plaît; les femmes sont joyeuses sans être trop bruyantes et les enfants passent la journée entière dans les bois.

Ma solitude se compose d'une vallée ombreuse abritée au nord par deux montagnes jumelles. Sur les croupes supérieures, des touffes de vieux arbres, la majeure partie à feuilles persistantes en hiver. Les forêts qui s'étendent sur leurs flancs sont épaisses et profondes, et, dans quelques quartiers retirés, on les croirait aussi vieilles que le monde. Ces forêts inférieures se composent d'arbres à feuilles caduques; beaucoup de ces feuilles jaunies sont déjà tombées. Les bouleaux perdent aussi leur écorce, qui se détache par plaques blanches et minces, et

---

1. On dictera les adjectifs au masculin, les élèves les mettront au féminin en écrivant.

2. Imitation éloignée d'une lettre de saint Basile (329-379) à son frère.

le bruit mélancolique de ces feuilles sèches lorsqu'on les foule
aux pieds a quelque chose qui plaît à mon âme attristée.

On ne rencontre point dans ces forêts les nymphes chasse-
resses de la Diane grecque; mais on voit quelquefois des
groupes de chasseurs, et de chasseuses qui ne laissent pas
d'emporter de grosses pièces de gibier.

Dans les parties basses s'étendent de grasses prairies où
paissent les vaches rousses et alezanes de mes voisines. En
été, des groupes de faucheuses et de faneuses se répandent
dans les prairies. On n'y voit maintenant que des trayeuses
qui vont recueillir le lait et quelquefois des laveuses au bord
de la rivière. Quoique très-rapide et souvent écumeuse, cette
rivière est poissonneuse; elle forme une cascade bruyante à
l'endroit où elle se perd derrière la croupe vaporeuse des collines; son eau est la meilleure que j'aie bue. La vallée est
fermée au nord, de sorte que l'haleine maligne des vents froids
n'y pénètre pas; mais elle est ouverte aux influences bénignes
du midi. Mon habitation est située à mi-côte, entourée de bosquets ombragés et de fleurs joyeuses, et de là l'œil se promène
sur une vue enchanteresse; les bois sont maintenant émaillés
des couleurs les plus vives; un soleil couchant les éclaire de
nuances mystérieuses; les oiseaux font entendre leurs dernières et plus douces chansons, une nuit délicieuse va succé-
der à une journée belle et sereine. Tout respire ici le calme;
les âmes trop longtemps voyageuses doivent y trouver le repos
dont elles ont besoin. J'ai apporté ici une provision peu nombreuse mais bien choisie de livres, de papiers et de dessins, et
je suis décidé à me livrer dans cette retraite heureuse aux
douceurs de la vie contemplative; j'ai abusé de la vie mon-
daine et orageuse; je me mets à l'abri.

III

APPENDICE.

Ce ET *se; ces* ET *ses; leur* ET *leurs.*

VI. Le philosophe Athénodore se présenta un jour à Auguste pour prier ce prince de lui permettre de retourner dans ses foyers. L'empereur se hâta d'y consentir; mais il dit au philosophe que ne devant plus profiter de ses conseils, il le priait de lui laisser la plus importante de ces maximes de conduite qu'il avait l'habitude de formuler. « Volontiers, répondit ce philosophe; sur quel sujet? — Sur la colère. — Quand on se sent en colère, il faut, avant d'ouvrir la bouche, se répéter à soi-même les vingt-quatre lettres de l'alphabet. Ce conseil peut vous sembler peu de chose; mais si ce moyen se mettait plus souvent en pratique, il se dirait et se ferait bien des sottises de moins dans ce bas monde. »

CHAPITRE II.

VERBES.

I

TEMPS DONT LES TERMINAISONS SONT COMMUNES
A TOUS LES VERBES.

RÉPONSES AUX QUESTIONS.

La plupart des réponses se trouvent dans la *Grammaire*.

Le conditionnel a pour terminaisons constantes *rais*, *rais*, etc. L'imparfait a les mêmes terminaisons, moins la lettre *r* : je rend*ais*, je rend*rais*; j'aime*rais*, j'aim*ais*; je pourvoi*rais*, je pourvoy*ais*.

L'*e* muet disparaît dans l'un de ces verbes; l'*y* est remplacé dans l'autre par un *i*; mais, la terminaison *ais* est quelquefois précédée, à l'imparfait, de lettres qui ne reparaissent pas au conditionnel : je fini*ssais*, je fini*rais*.

Les terminaisons du futur diffèrent peu de celles du conditionnel. A la première personne du singulier, le conditionnel a un *s* de plus : *j'aimerai, j'aimerais;* aux autres personnes, le conditionnel a de plus *i* ou *it*. Les troisièmes personnes du premier sont tout à fait différentes : ils fini*ront*, ils fini*raient*.

Le temps où les trois personnes du pluriel sont en *ont*, est le futur.

Le futur a les terminaisons du verbe *avoir*, au présent :

J'aimer*ai*	J'*ai*
Tu aimer*as*	Tu *as*
Il aimer*a*	Il *a*
Nous aimer*ons*	Nous av*ons*
Vous aimer*ez*	Vous av*ez*
Ils aimer*ont*.	Ils *ont*.

Les exercices de conjugaison n'offrent aucune difficulté.

II

TEMPS COMPOSÉS.

Voici les temps composés, premières personnes des verbes *chanter* et *tomber*.

INDICATIF.

Passé indéfini.	J'ai chanté.	Je suis tombé.
Passé antérieur indéf.	J'ai eu chanté.	. . . .
Passé antérieur défini.	J'eus chanté.	Je fus tombé.
Plus-que-parfait.	J'avais chanté.	J'étais tombé.
2ᵉ *Plus-que-parfait.*	J'avais eu chanté.	. . . .
1ᵉʳ *Futur antérieur.*	J'aurai chanté.	Je serai tombé.
2ᵉ *Futur antérieur.*	J'aurai eu chanté.	. . . .

CONDITIONNEL.

1ᵉ¹ *Passé.*	J'aurais chanté.	Je serais tombé.
2ᵉ *Passé.*	J'eusse chanté.	Je fusse tombé.

IMPÉRATIF.

Futur antérieur.	Aie chanté.	Sois tombé.

SUBJONCTIF.

Passé parfait.	Que j'aie chanté.	Que je sois tombé.
Plus-que-parfait.	Que j'eusse chanté.	Que je fusse tombé.

INFINITIF.

Passé.	Avoir chanté.	Être tombé.
Participe passé.	Ayant chanté.	Étant tombé.

III

TEMPS DONT LES TERMINAISONS VARIENT
AVEC LES VERBES.

1. PRÉSENT DE L'INDICATIF ET IMPÉRATIF.

La réponse à la plupart des questions n'offre aucune difficulté.

Les verbes en *soudre* : absoudre, dissoudre, résoudre, etc., ne gardent pas le *d* au présent de l'indicatif et se conjuguent non sur le quatrième, mais sur le sixième modèle, *s*, *s*, *t*.

Il en est de même des verbes en *indre* : plaindre, peindre, joindre, etc.

Le verbe qui a des formes doubles à plusieurs temps, est s'asseoir.

Exercice de vive voix. I. Les verbes suivants appartiennent à la catégorie indiquée par les chiffres :

Mourir 6, servir 6, s'asseoir 3 et 4, maudire 2, médire 2, écrire 2, savoir 6, déchoir 3, courir 6, craindre 6, boire 3, moudre 4, croître 6, vaincre 7, battre 5, paître 6, prendre 4, suffire 2, plaire 6, teindre 6, confire 2, coudre 4, commettre 5, porter 1, démentir 6, offrir 1, venir 6, devoir 3, vivre 2, conclure 6, répondre 6, dormir 6, recevoir 3, abréger 1, faire 6, prévaloir 7, vêtir 5, découvrir 1, reparaître 6, couvrir 1, renaître 6, haïr 6, éclore 6, conclure 6, pouvoir 7, faire 6, se repentir 6, bouillir 6, conduire 2, atteindre 6, nuire 2, traire 6, grandir 2, transcrire 2, permettre 5, feindre 6, apprendre 4, rejoindre 6, interdire 2, poursuivre 2, abattre 5.

On trouvera facilement des compléments aux verbes : répandre de l'eau, des fleurs, des larmes, des bienfaits, etc., fendre du bois, des pierres, la glace, le cœur, etc.

II. Mettre dans les vers suivants les verbes aux temps indiqués en note.

LA VIE AUX CHAMPS.

Le soir, à la compagne, on sort, on se promène,
Le pauvre dans son champ, le riche en son domaine ;
.... Chaque soir donc je m'en vais, j'ai congé,
Je sors. J'entre en passant chez des amis que j'ai.
On prend le frais, au fond du jardin, en famille.
Le serein mouille un peu le banc sous la charmille ;
N'importe : je m'asseois, et je ne sais pourquoi
Tous les petits enfants viennent autour de moi ;
Dès que je suis assis les voilà tous qui viennent.
C'est qu'ils savent que j'ai leurs goûts ; ils se souviennent
Que j'aime comme eux l'air, les fleurs, les papillons
Et les bêtes qu'on voit courir dans les sillons.
Ils savent que je suis un homme qui les aime,
Un être auprès duquel on peut jouer, et même
Crier, faire du bruit, parler à haute voix ;
Que je riais comme eux et plus qu'eux autrefois,
Et qu'aujourd'hui, sitôt qu'à leurs ébats j'assiste,
Je leur souris encor, bien que je sois plus triste ;

Ils disent, doux amis, que je ne sais jamais
Me fâcher ; qu'on s'amuse avec moi ; que je fais
Des choses en carton, des dessins à la plume ;
Que je raconte à l'heure où la lampe s'allume,
Oh ! des contes charmants qui vous font peur la nuit ;
Et qu'enfin je suis doux, pas fier et fort instruit.

V. Hugo.

2. IRRÉGULARITÉS CAUSÉES PAR L'ACCENT TONIQUE.

Faire remarquer dans le récit, *les deux Frères*, les verbes imprimés en italique, comparer dans ces verbes le participe présent au présent de l'indicatif, remonter de *tiennent* à *je tiens*, de *boivent* à *bois*, de *acquièrt* à *acquièrent*, etc.

Les réponses aux questions sont dans la *Grammaire*, et le *Résumé* * 93 et suiv.

Exercice. I. Les conjugaisons n'offrent aucune difficulté.

II. Mettre les verbes aux temps voulus dans le récit suivant :

LE VÉRITABLE COURAGE.

I. C'était à Paris, en été. Une véritable pluie d'orage survint ; sauve qui peut général ! Heureux ceux qui peuvent s'abriter sous les galeries, sous les portes cochères ! Beaucoup s'élancent dans un grand cabinet de lecture où les étudiants laborieux viennent étudier. Mais les survenants conçoivent qu'ils ne doivent pas troubler les travailleurs qu'ils aperçoivent rangés autour des tables ; ils se contiennent, retiennent leur langue et s'abstiennent de parler.

Un jeune écervelé cependant se prend à causer haut : ses amis lui font signe qu'ils doivent respecter les occupations de ceux qui les reçoivent, il n'en tient compte ; quelques lecteurs se lassent et viennent aussi causer, mais il en est un que ces discours n'émeuvent pas ; les caquets qu'on fait autour de lui meurent avant de lui arriver. Le jeune écervelé, que nous appellerons Édouard, se montre choqué de cette persistance, et il interpelle brusquement le lecteur :

« Il faut que votre lecture soit bien intéressante pour que rien ne parvienne à vous en arracher ? lui dit-il.

— En effet, répondit le lecteur sans lever les yeux.

— Et peut-on savoir de quoi traite ce livre merveilleux?

— Oui, monsieur, il m'apprend comment on conquiert le respect de chacun en observant la vraie politesse.

— Ah! dit l'écervelé, que ces réponses émeuvent un peu; et vous en profitez, de ces leçons?

— Vous le voyez bien, monsieur, puisque je vous ai laissé parler depuis une demi-heure sans vous interrompre.

— Comment l'entendez-vous, monsieur?

— J'ai respecté votre liberté qui m'importunait; faites-moi la grâce de respecter la mienne qui ne vous importune pas. Voilà ce que j'ai voulu vous dire. »

3. PASSÉ DÉFINI ET IMPARFAIT DU SUBJONCTIF.

Les réponses aux questions sont dans le texte.

Faire remarquer les quatre terminaisons de ces temps dans l'anecdote et l'épigramme.

EXERCICE ORAL. Les verbes suivants se conjuguent sur les modèles indiqués par un chiffre :

Apercevoir 3, parcourir 3, résoudre 3, permettre 2, abattre 2, conclure 3, complaire 3, contenter 2, prétendre 2, pouvoir 3, comprendre 2, prédire 2, s'accroître 3, reconnaître 3, contenir 4, revenir 4, secourir 3, entretenir 4, lire 3, suivre 2, renaître 2, presque inusité à l'imp. du subjonctif.

EXERCICE ÉCRIT. I. Conjugaisons. Celles qui sont indiquées dans la *Grammaire* sont bien suffisantes.

II. Mettre dans le récit suivant les verbes à l'imparfait du subjonctif.

LE PIGEON RUSSE.

C'était vers la fin de l'été. Les pigeonneaux étaient des pigeons, et rien ne pouvait empêcher qu'ils n'essayassent leurs ailes et ne s'élançassent dans l'espace des cieux. Un tout jeune surtout ne souffrait pas que son père lui adressât même des conseils. « Quoi, disait-il, vous voudriez que je vécusse éternellement dans cette ville de Pétersbourg où je suis né, que je n'eusse jamais de vue plus réjouissante que celle des dvorniks, et que je ne visse jamais que leurs cours si mal tenues ; que je m'abstinsse de tout voyage, que je n'entreprisse pas de contempler un soleil plus brillant, que je m'interdisse l'espoir de me balancer dans un ciel plus bleu ! Quoi ! il faudrait, moi dont l'aile est si puissante déjà, que je fusse condamné à ne jamais visiter une ville étrangère, que je ne pusse étudier d'autres mœurs, que je n'entendisse jamais qu'une langue, que je ne connusse qu'un seul peuple ! Il y a vers le sud, vous me l'avez dit, des climats plus doux, des forêts pleines de fruits, des colombiers où l'on reçoit l'hospitalité. Pour que vous le sussiez, il a fallu que vous y ayez été. Par quel malheur faudrait-il que je ne pusse faire ce que vous avez fait ? Vous me dites que le peuple russe est plus hospitalier, et qu'ailleurs on mange les pigeons, qu'il respecte ; mais pour que je vous crusse, il faudrait que je l'eusse vu de mes propres yeux. L'homme n'est pas assez méchant pour tuer une bête qui ne fait de mal à personne. Adieu : je reviendrai vous raconter mes voyages et vous prouver qu'il y avait d'excellentes raisons pour que je ne me soumisse pas aveuglément à vos ordres. »

Et là-dessus il s'envola, sans permettre même que son père l'entretînt de quelques précautions indispensables pour ne pas être victime du premier venu. Qu'advint-il ? Il avait à peine passé la frontière qu'il tomba dans un piége et servit de régal à un paysan prussien.

IV

FORMATION DES TEMPS.

I et II. Les questions n'offrent aucune difficulté.

L'élève devra montrer les règles de la formation des temps appliquées dans le *Nid de Pinsons*.

Exercice. Mettre dans le récit suivant les verbes aux temps voulus.

LE VÉRITABLE COURAGE.

II. On avait fait cercle autour des jeunes gens. Les amis d'Édouard l'engageaient à se modérer.

« Monsieur, dit-il en pâlissant de colère, si vous prétendez me donner une leçon, vous saurez que je n'en reçois pas.

— Vous avez tort, monsieur, car vous en auriez bien besoin. Ne croyez pas, du reste, que je veuille vous en donner. D'autres le feront sans doute. Pour moi, je vous cède la place, ajouta-t-il en se levant.

— Monsieur, cela ne peut se passer ainsi. Vous m'avez insulté, et je requiers satisfaction.

— Vous ne l'obtiendrez pas autrement, monsieur. Vous m'avez interpellé avec impolitesse. Je ne l'ai pris avec vous que sur le ton que vous preniez avec moi. Nous en resterons-là, s'il vous plaît. Il se peut que vous fassiez assez peu de cas de votre temps pour que vous le sacrifiiez, et de votre vie pour que vous la jouiez ainsi à propos de rien. Peut-être avez-vous raison quand vous appréciez ainsi l'un et l'autre. Mais moi, j'ai autre chose à faire ; adieu. » Et il sortit.

Édouard était pâle de colère. Ses amis finissent cependant par le calmer. Il ne revient chez lui qu'à une heure du matin, à pied, n'ayant pu trouver de voiture. Il s'aperçoit qu'il est suivi ; il acquiert la certitude que deux hommes se meuvent absolument comme lui et règlent leurs pas sur les siens. La rue devient déserte ; les pas se rapprochent, et tout à coup l'un des hommes lui barre le passage.

« Quelle heure est-il ? lui demande-t-on.

— Je n'en sais rien, » dit Édouard en brandissant sa canne ; mais, d'un coup vigoureux, on le désarme.

Les deux hommes se jettent sur lui et se mettent en devoir de le fouiller, lorsqu'une main énergique saisit l'un d'eux et l'écarte pendant que l'autre malfaiteur reçoit un violent coup de canne. Les voleurs qui s'aperçoivent qu'ils sont surpris, ne veulent pas du moins rester sans vengeance ; ils se jettent sur le survenant, l'atteignent de deux coups de poignard et s'enfuient en entendant le bruit d'une voiture.

Édouard dégagé court à son libérateur qu'il relève. Quel est son étonnement, quand il s'aperçoit que cet homme si brave est celui qui le matin a refusé de se battre ! Il l'aide à retourner chez lui en se confondant en excuses et en remercîments.

« Je ne mérite pas tous ces éloges, lui dit l'inconnu. J'ai fait mon devoir ce soir quand je vous ai vu en danger, comme je l'ai fait ce matin quand vous me défiiez. Le véritable courage, il ne faut pas que vous l'oubliiez, ne consiste pas à jeter sa vie à tout hasard, mais à la réserver pour les occasions où il est utile de l'exposer. »

Édouard promit qu'il retiendrait la leçon. Il vint chaque jour visiter son libérateur, qui ne tarda pas à se rétablir; il apprit à modérer son outrecuidance, et depuis lors, ils devinrent tous deux des amis inséparables.

V

VERBES IRRÉGULIERS.

RÉCAPITULATION.

1. IRRÉGULARITÉS DANS LES TEMPS PRIMITIFS.

RÉPONSES A QUELQUES QUESTIONS.

Mentir, sentir, se repentir se conjuguent sur le 6ᵉ modèle, et n'ont pas de *t* au présent de l'indicatif : *je mens,* etc.

Vêtir se conjugue sur le 5ᵉ modèle : *je vêts,* etc.

Servir et *dormir,* perdent l'un le *v* l'autre l'*m,* au présent de l'indicatif : *je sers, je dors.*

Le passé défini de *prévoir* est *je prévis,* 2ᵉ modèle; le passé défini de *pourvoir* est *je pourvus,* 3ᵉ modèle.

EXERCICE. Mettre les temps voulus dans les récits suivants.

I. LE FANTOME.

1. Martin portait envie à son voisin. « Il est béni de Dieu, disait-il, tout le sert et tout me nuit. Sa fortune est florissante et la mienne décroît chaque jour. Voyez ses pommiers; ils n'ont pas mieux fleuri que les miens au printemps, et les voilà courbés sous le poids de leurs fruits. Comme je le hais! »

Cette haine était bien injuste et bien coupable; l'envie porta Martin à faire quelque chose de plus coupable encore. Un soir, il sort de chez lui avec deux sacs sur le bras et parvient à se glisser jusque dans l'enclos de son voisin, sans que personne paraisse s'en douter; puis le voilà qui se met à remplir les deux sacs de pommes. Mais il avait trop présumé de ses forces; il avait cru d'abord qu'il pourrait les emporter tous deux; il pensa alors que s'il était assailli, il s'enfuirait difficilement même avec un seul. Il se décide à en abandonner un, et part avec l'autre. Tout le monde dormait ou du moins faisait semblant; avec beaucoup de précautions et un peu d'audace, il réussit à sortir de l'enceinte : il est dans le grand chemin avec son sac sur le dos.

Malheureusement la lune luisait de tout son éclat, et il se disait que s'il était rencontré, il serait découvert infailliblement. Tourmenté de cette crainte, il maudissait déjà la malheureuse pensée qu'il avait eue de s'approprier le bien d'autrui, lorsqu'il s'aperçut qu'il n'était pas seul. Il avait à son côté un compagnon portant le sac qu'il avait laissé, et mesurant ses pas sur les siens. Épouvanté, il jette son fardeau et prend la fuite; son compagnon en fait autant : il jette de même son fardeau, et le voilà courant sur les pas du voleur. Dans son effroi, Martin presse le pas; son compagnon le presse aussi. Cela dure jusqu'au premier détour du chemin. A ce moment le poursuivant disparaît brusquement, sans que Martin puisse savoir ce qu'il est devenu.

II. LA CHAUMIÈRE ISOLÉE.

1. Dans une maisonnette construite au milieu d'un petit bosquet d'arbres et protégée contre le vent du nord par un rocher saillant, vivait une pauvre jeune femme isolée. Tout reluisait de propreté dans sa demeure, qui n'avait pour ornement qu'un crucifix entouré d'un buis bénit qu'elle renouvelait tous les ans. Son petit jardin qu'enclosait une haie vive, fleurissait abondamment au printemps et lui donnait en automne des fruits qu'elle confisait pour l'hiver. Elle n'avait pour toute propriété qu'une belle chèvre à la santé florissante, et quelques poules qui étaient nées et avaient crû sous ses yeux. Les œufs que celles-ci lui fournissaient, joints au lait qu'elle trayait

de sa chèvre, aux légumes et aux fruits qu'elle recueillait suffisaient presque à ses besoins. Elle buvait de l'eau qui saillissait d'une source dans son jardin, allait à l'office tous les dimanches, et ne ressortait guère dans la semaine, si ce n'est pour se rendre au marché à la ville voisine. Elle cousait tout le jour, ou cultivait son jardin. Tout le monde l'aimait; chacun causait avec elle un moment en passant; mais elle ne se souciait pas trop qu'on allât chez elle, et il n'y entrait guère que le meunier qui moulait le blé qu'elle achetait chaque mois à la ville.

Un personnage s'introduisit chez elle cependant, sous prétexte qu'il pouvait lui aider à cultiver son jardin; mais elle l'éconduisit bientôt. Il en conçut un ressentiment profond et résolut de s'en venger. Un jour, en effet, la pauvre femme voit arriver des gens de justice qui la requièrent de les laisser faire perquisition chez elle. Elle revêtait en ce moment sa robe du dimanche pour aller au marché. Son sang bout d'abord et lui monte au visage; puis sa force l'abandonne, elle défaille et tombe sur une chaise, pendant que l'on retourne tout son petit mobilier. Les gens de justice allaient se retirer, en s'excusant, lorsqu'on s'aperçut que la terre avait été remuée sous un tas de fagots que l'on venait de déplacer. On creusa avec une bêche, et l'on en retira une petite cassette, dont on s'empara. On apprit alors à la pauvre femme qu'elle était accusée d'avoir volé cette cassette, qui avait disparu huit jours auparavant d'une maison des environs, et qui contenait des bijoux précieux. On ajouta que l'affaire ressortissait au tribunal correctionnel de la ville voisine. Elle protesta de son innocence; mais ce qui lui nuisit, ce fut l'habitude qu'elle avait de ne laisser pénétrer personne chez elle; et quoi qu'elle pût dire, il fallut suivre les gens de loi qui la menèrent en prison. Une voisine fut priée de veiller en son absence sur sa petite propriété.

2. IRRÉGULARITÉS DANS LES TEMPS DÉRIVÉS.

Les verbes de la leçon précédente se conjuguent régulièrement quand on connaît leurs temps primitifs. Ceux de cette leçon offrent des irrégularités beaucoup plus grandes.

Acquérir a un *i* au présent de l'indicatif parce que l'accent tonique de l'infinitif est porté de la troisième syllabe *ir* sur la seconde *é* acquérir, j'acqu*iers*.

Il en est de même de ten*ir*, je *tiens*, qui est réduit à une syllabe (voir 210).

Tenir se conjugue au présent de l'indicatif sur le 6ᵉ modèle : je tiens, et au passé défini sur le 4ᵉ : je tins.

Plaire fait au passé défini : je plus, tu plus, il plut, etc.; et au participe passé : plu.

Pleuvoir fait aux mêmes temps : il plut, plu.

Il *plut* (pleuvoir) tant qu'il *plut* (plaire) à Dieu.

Plût à Dieu qu'il *plût* (*pleuvoir* ou *plaire*) ce jour-là !

Les verbes qui ont *tes* au lieu de *ez* à la seconde personne pluriel du présent de l'indicatif sont *être : vous êtes; faire* et ses composés : vous *faites*, vous *refaites*, etc.; *dire* et un de ses composés : vous *dites*, vous *dédites*.

Tous les verbes ont ces terminaisons au passé défini : vous all*âtes*, vous reç*ûtes*, vous rend*îtes*, vous vî*ntes*.

Exercice écrit. Mettre les verbes des récits suivants aux temps voulus.

I. LE FANTOME.

II. Martin rentre chez lui plus mort que vif, et va se mettre au lit. « Si l'on découvre quelque chose, pense-t-il, je pourrai dire qu'à ce moment-là je dormais. » Le lendemain cependant, il ne put s'empêcher de raconter l'histoire du fantôme qui l'avait si fort ému, en taisant toutefois, comme bien l'on pense, le fait de l'enlèvement des pommes.

« Je m'en allais, disait-il, pour me promener le long du grand mur blanc qui ferme l'enclos du voisin. Tout à coup, sans que je sache comment, un fantôme apparaît à mes côtés. Je veux m'enfuir, il court après moi, puis il s'évanouit au bout du mur. C'est là un fait que je ne sais m'expliquer.

— Et vous n'oubliez rien? lui demanda le juge qui avait voulu ouïr ce récit de sa propre bouche. — Rien qui vaille d'être raconté. — Vous ne me dites pas tout cependant. Vous négligez des circonstances qui valent certainement bien la peine d'être dites, et qui peuvent avoir de graves conséquences. Vous avez raconté d'abord que le fantôme portait un sac; est-ce vrai? — Je ne me le rappelle pas. — Eh bien, je sais qu'il en avait un et vous aussi, et que le sac que vous portiez contenait des pommes que vous veniez de voler. Vous tressaillez? Vous tressaillerez bien davantage quand vous saurez que les deux sacs qui ont été retrouvés, l'un dans le chemin, l'autre dans l'enclos, sont tous deux marqués à vos initiales. Cela vous émeut! Eh bien, vous vous émouvrez encore davantage, car en vertu de ces faits, vous irez d'abord devant le tribunal, et puis de là on vous enverra en prison pour vous apprendre à respecter la propriété d'autrui.

« Quant au fantôme qui vous a effrayé, c'était votre conscience d'abord qui a troublé votre imagination; puis votre ombre que la lune traçait sur le mur blanc près duquel vous marchiez. »

II. LA LUNE.

Le petit Alfred s'en était allé avec son père à la ville voisine. En partant, il avait annoncé à sa jeune sœur Henriette qu'il acquerrait quelques joujoux qui leur faisaient envie, et qu'ils reviendraient tous deux avant la nuit.... Henriette, de son côté, promit qu'elle recueillerait dans les bois des myrtilles pour le régaler à son retour, et qu'elle courrait au-devant de lui sur la route dès qu'elle l'apercevrait. Mais la nuit était venue, et ni le père ni le fils ne reparaissaient. Henriette et sa mère se résolurent à aller au-devant d'eux.

La lune luisait magnifique au bas du ciel; des râles criaient dans les marais; des grenouilles coassaient dans les étangs; un rossignol chantait dans le bosquet voisin. « Qu'on dise ce qu'on voudra, s'écriait la petite fille, jamais le jour ne vaudra une si belle nuit. Comme je serais heureuse, si mon père et mon frère se tenaient avec nous à regarder ce beau ciel! Mais je vous demande un peu, maman, ce qu'ils font à cette heure? Je ne sais pas comment il faudra que je les reçoive, pour les punir d'avoir tant tardé. Faudra-t-il bien les gronder? »

Comme elle parlait ainsi, deux ombres apparurent sur la route; peu à peu elles se dessinèrent mieux, et acquirent une forme distincte. C'était le père et le fils qui revenaient. Le bonheur de revoir son père et son frère vainquirent le mécontentement dans le cœur d'Henriette. On ne put que s'embrasser d'abord.

« Comme vous revenez tard ! s'écrie la mère, pendant que les enfants se tiennent embrassés. Est-ce que tu ne tressaillais pas de temps en temps le long du chemin, toi, Alfred, qui es si peureux ?

— Oh ! non, maman ; d'abord j'étais avec papa qui me conduisait par la main ; puis savez-vous que nous avons eu une compagne qui nous a suivis le long du chemin !

— Une compagne ? fit Henriette.

— Oui, tu en croiras ce que tu voudras, mais la lune est partie avec nous de la ville et elle nous a accompagnés jusqu'ici.

— Comment peux-tu parler ainsi ? dit la petite fille. La lune est partie avec nous de la ferme et ne nous a pas quittées ; je ne l'ai pas perdue de vue un instant. J'ai même failli tomber une fois parce que je la regardais trop bien. Comment pourrais-je croire qu'elle vous a accompagnés, puisque vous veniez du côté opposé ?

— Comment se fait-il que tu veuilles me persuader de pareilles bourdes ? Papa, n'est-il pas vrai que la lune s'en est venue avec nous depuis la ville jusqu'ici ?

— Maman, n'est-il pas vrai qu'elle s'en est venue avec nous depuis la ferme ?

— J'entends ce que vous dites, interrompit le père ; j'admire comme vous vous contredisez pour rien. Vous vous trompez tous les deux. Sachez que la lune n'a marché ni avec Alfred ni avec Henriette. La preuve c'est qu'à présent que nous ne faisons plus de mouvement, vous la voyez immobile au même point du ciel. Faites quelques pas dans un sens ou dans un autre, vous la verrez aussitôt se déplacer dans les arbres, tandis que pour moi qui resterai ici, elle ne fera pas le plus petit écart. Il y a là une illusion de vos yeux que je pourrais bien vous expliquer ; mais vous ne comprendriez rien à mon explication, je le crains fort.

« Que cette discussion vous serve du moins à quelque chose, mes chers enfants ; qu'elle vous tienne en garde contre les jugements précipités. Une chose vous étonne-t-elle? Croyez-vous qu'elle vaille la peine d'être discutée? Sachez avant tout si elle est bien telle qu'elle vous paraît. Observez d'abord, vous jugerez après. »

APPENDICE AU CHAPITRE II.

CONJUGAISON INTERROGATIVE.

RÉPONSE A UNE QUESTION.

On ne dit pas *fussent-ce*, on emploie le singulier *fût-ce*, même avec un pluriel; quant à *seront-ce*, on le trouve quelquefois, mais c'est une locution très-peu élégante, dites *sera-ce* (583).

Exercice. Mettre les verbes au temps voulu dans le récit suivant.

LA CHAUMIÈRE ISOLÉE.

II. Nous sommes à l'audience. Le président interroge l'accusée. « Persistez-vous à dire que vous ne croyiez pas, que vous ne saviez pas que cette boîte fût chez vous? — Je n'en savais rien.

— Comment a-t-elle pu être apportée là? — Je ne me l'explique pas.

— Quelqu'un est-il allé chez vous, à votre connaissance, entre le jour du vol et celui où la boîte a été découverte? — Personne que je sache.

— Avez-vous des ennemis? — Je ne hais personne. Je ne sais pas s'il y a des gens qui me haïssent.

— Asseyez-vous. Vous à qui appartiennent les bijoux, vous dites que le vol s'est fait pendant l'office? — J'ai vu les bijoux avant qu'on s'en allât à l'église. Ils n'y étaient plus quand je suis revenue.

— L'accusée allait-elle souvent chez vous? — Presque jamais.

— Si elle y était allée ce jour-là, est-ce que le chien ne l'aurait pas mordue? — Probablement. Je pense que le vol aura été fait par une personne que le chien connaît.

— Et vous, accusée, croyez-vous que quelqu'un ait pu aller chez vous en votre absence? — Cela n'est pas impossible : j'étais à l'église en ce moment-là. Mais au retour je ne m'aperçus de rien.

— Vous voyez bien que tout se réunit pour vous accuser; et je serai réduit à vous condamner, quoique votre douceur, vos larmes et votre bonne réputation témoignent en votre faveur. »

On allait en effet prononcer le jugement et condamner l'accusée, lorsqu'une femme demanda à être entendue. C'était celle à qui l'on avait remis la garde de la maison. En aplanissant le sol que l'on avait creusé pour trouver la boîte, elle avait recueilli un bout de chaîne de cuivre qui avait été enterré par mégarde avec la boîte. Elle apportait cette chaîne aux magistrats. Il fut sursis au jugement, et l'information apporta la preuve que ce bout de chaîne avait appartenu à l'individu éconduit par l'accusée. Il fut arrêté, et finit par avouer que c'était lui qui avait dérobé la cassette et l'avait enterrée pendant la messe, pour se venger d'avoir été banni de la maison qu'occupait l'honnête paysanne.

SECTION II.

ORTHOGRAPHE USUELLE.

———

CHAPITRE I.

DÉRIVATION.

I

RACINES ET DÉRIVÉS.

RÉPONSES A QUELQUES QUESTIONS.

Les *préfixes* sont des syllabes que l'on place au commencement d'un mot pour en modifier la signification : poser, *reposer*, *imposer*, etc.

On appelle *désinence* la fin des mots invariables.

On appelle *terminaison* la fin des mots variables.

Les mots *racines* sont ceux dont on forme d'autres mots en y ajoutant des préfixes, des terminaisons ou des désinences.

Les mots *dérivés* sont ceux qu'on tire des mots racines.

Les *augmentatifs* désignent des personnes ou des choses en y ajoutant une idée de grandeur.

Les *diminutifs* désignent des personnes ou des choses en y ajoutant une idée de petitesse.

Les *péjoratifs* désignent des personnes ou des choses en y ajoutant une idée de mépris.

Les verbes *fréquentatifs* désignent une action fréquemment répétée.

Exercice facultatif. I. Tirez des ajectifs des mots suivants : grimace, etc.

Grimacier, dépité, imaginaire, colérique, désespéré, glacé, doux, enfantin, associé, emblématique, malin, etc.

II. Tirez des noms des mots suivants : Pauvre, etc.

Pauvreté, dignité, indignité, grandeur, unité, uniformité, extrémité, menace, fâcherie, fâcheux, frémissement, insolence, furie, fureur, cri, criaillerie, pleurs, consolation, méchanceté, etc.

III. Tirez des verbes des mots suivants : Pauvre, etc.

Appauvrir, imaginer, traverser, grandir, vouloir, grimacer, dépiter, empoigner, manier, désespérer, pleurer, embrasser.

IV. Tirez des augmentatifs des mots suivants : Camp, etc.
Campagne, paillasse, terrasse, muraille, tour.

V. Tirez des diminutifs des mots : Mont, etc.

Monticule, particule, plantule, portioncule, animalcule, tambourin, flottille, grenadille, mantille, peccadille, charmille, viperine, routine, vivoter, croûton, grésil, coquille, tortiller, grapiller, sangloter, manchette, trompette, tartelette, tablette, rosette, ramette, poulette, pommette, planchette, oreillette, musette, lunette, herbette, historiette, lancette, côtelette.

VI. Tirez des péjoratifs des mots : Fût, etc.

Futaille, grenaille, bonace, mollasse, paperasse, rêvasserie, savantasse, chicanerie, finasserie.

II

APPLICATION.

Exercice. Chercher les racines et les dérivés contenus dans les vers suivants :

Alors son dépit est extrême, etc.

Alors,	lors, lorsque, dorénavant, désormais (racine *hora*, *heure*).
Dépit,	dépiter, dépiteux ; répit.
Extrême,	extrémité, extrêmement, extrême-onction.
Montre,	montrer, démontrer, remontrer, etc., une montre
Poing,	poignée, poignet, poignard, empoigner.
Menaçant,	menace ; imminent, imminence.
Même,	mêmement.
Notre,	le nôtre, nos, nous.
Marmot,	marmaille, marmotte, marmotter.
Fâché,	fâcherie, fâcheux.

Vient,   venir, advenir, convenir, devenir, parvenir, provenir, re-
                venir, souvenir, survenir, etc., etc.
Frémissant, frémir, frémissement.
Battre,   abattre, combattre, débattre, ébattre, rabattre, rebattre,
                etc., plus les noms et les adjectifs tirés de ces verbes;
                abattement, abattis, battant, batteur, combat, combat-
                tant, etc., etc.
Image,   imagier, imaginer, imaginaire; imagination, imager;
                imiter, inimitable, etc.
Insolente,   insolence, insolemment; insolite.
Fait,   contrefaire, défaire, forfaire, méfaire, refaire, surfaire.
                satisfaire, etc., et les noms qui en dérivent; façon, con-
                trefaçon, défaite, forfait, satisfaction; affaire, fainéant,
                faisable, facile, etc.
Mal,   malfaire, malmener, malheur, etc.
Main,   manier, maniable, maintenir, maintenant, maintien,
                manche, manipuler, manœuvre, manége, manuel, ma-
                nufacture, manuscrit, manivelle, mener, amener, etc.

Les élèves ne trouveront probablement qu'un petit nombre de ces mots, et
il ne faut pas se montrer trop exigeant à cet égard.

III

PRÉFIXES.

Les réponses aux questions ne présentent aucune difficulté.

EXERCICE. I. Expliquer les préfixes contenues dans les *Enfants
dans les bois*, 1.
Entouraient.   Entourer, enfermer *dans* le *tour*.
Préparait.   Préparer, parer, disposer *d'avance*.
Décharnée.   Dé-charner, écarter la chair.
Déjeuner.   Dé-jeuner, s'écarter du jeûne.
Demeuriez.   Demeurer, s'arrêter. Ce mot ne renferme pas une
                 idée de séparation.
Poursuivre.   Suivre, pour. après.
Profonde.   Profond, dont le fond est éloigné du dessus; *pro* ici
                 signifie *en avant*.
Ajouta.   Ajouter, joindre à (*juxta*, auprès, en latin; *joute*,
                 même signification, en vieux français.)
II. Expliquer les préfixes contenues dans les mots:
*A*border.   Aller au bord.
*Ant*érieur.   Côté qui est en avant.

Circonstance. Ce qui est autour.
Conforme. Dont la forme se confond avec une autre.
Contre-temps. Temps opposé à l'à-propos.
Désœuvré. En dehors de l'œuvre, du travail.
Disjoindre. Faire le contraire de joindre.
Énerver. Séparer les nerfs du corps.
Épuiser. Puiser tellement qu'on ne puisse plus puiser après.
Encourager. Mettre du courage dans le cœur.
Entreposer. Poser entre un temps et un autre, déposer en attendant.
Extravaguer. Vaguer, errer en dehors du sens commun.
Incorporer. Mettre dans un corps, faire pénétrer en mêlant les deux corps.
Inapte. Non apte.
Irrégulier. Non régulier.
Intercaler. Placer entre.
Méprise. Action de prendre mal à propos, de prendre une chose pour une autre.
Mépriser. Mal priser, accorder peu de prix.
Outrepasser. Passer au delà.
Persécuter. Suivre à travers les obstacles.
Postérité. Ce qui vient après.
Préjuger. Juger d'avance.
Proposer. Poser, placer pour un but.
Revenir. Venir en arrière, une seconde fois.
Rétrograde. Qui marche en arrière.
Supplier. Plier au-dessous, plier très-bas, demander humblement.
Soumettre. Mettre dessous.
Souvenir. Venir sous la pensée.
Superfin. Très-fin, au-dessus de fin.
Survenir. Venir par-dessus, arriver tout à coup.
Transmettre. Mettre, faire passer au-delà.
Ultérieur. Ce qui est au-delà.

III. Mettre toutes les préfixes possibles devant les mots suivants.

(Il faut prendre ces préfixes aux nᵒˢ 267, 269 de la *Grammaire*.)

Poser. Apposer, imposer, exposer, déposer, composer, disposer, interposer, transposer, extraposer, superposer, supposer, préposer, reposer, proposer, opposer.

Désimposer, réimposer, redéposer, décomposer, recomposer, prédisposer, indisposer, présupposer.

Mander. Demander, commander, extramander, surmander, remander, contremander.

Plier. Déplier, surplier, replier, supplier.

Tenir.   Détenir, entretenir, contenir, soutenir, **retenir**, obtenir, appartenir.

IV

DÉSINENCES.

Les questions n'offrent aucune difficulté.

Quels sont les mots du récit qui peuvent être expliqués par les règles de cette leçon?

« Virginie, émue, infortunée, elle, rassassiée, envie, négresse, marronne, noire, bâtie, etc. »

Ces terminaisons indiquent des féminins.

Créature.	Résultat de l'action de créer.
Misérable.	Qui a une tendance vers la misère.
Considérable.	Qui doit être considéré.
Plantation.	Action de planter, ici le lieu où l'on a planté.

Exercice facultatif. I. Trouver les fréquentatifs des verbes : estamper, etc.

Estampiller, fendiller, sautiller, voleter, buvoter, clignoter, crachoter, picoter, trembloter.

Trouver les péjoratifs des noms: antique, etc.

Antiquaille, mangeaille, marmaille, pierraille, rocaille, écrivasserie.

Trouver les diminutifs des noms : charme (arbre), etc.

Charmille, faucille, bécassine, bottine, chaumine, crépine, javeline, lettrine.

Remonter à la racine des mots : voltiger, etc.

Vol, bec, cachet, verge, poussière.

II. Chercher les racines et les dérivés contenus dans les vers suivants :

. . . . Sa colère en augmente, etc.

Colère,	colérique.
Augmente,	augmentation, augmentatif.
Furieux,	fureur, furie, furieusement.
Désespoir,	désespérer, espérer, espoir, espérance.
Voilà,	tu vois là, voir, prévoir, et vue, vision, prévision, provision, etc.
Devant.	Devanture, devancer, avant, avancer, avancement, etc.
Miroir.	Miroitier, miroiter, mirer, admirer, admiration.

Criant.	Crier, cri, décrier, s'écrier.
Pleurant.	Pleur, pleurnicher, déplorer, implorer.
Frappant.	Frapper, frappement.
Glace.	Glacer, glacier, glacis, glacial.
Mère.	Grand'mère.
Survient.	Survenir, souvenir, devenir, etc. (Voir plus haut, p. 32.)
Console.	Consolation, consolateur ; désoler, désolation.
Embrasser.	Embrasser, embrassement, bras, brasser, brasserie.
Tarit.	Tarir, tarissable, intarissable.
Doucement.	Doux, douceur, douceâtre.
Dit.	Dire, contredire, dédire, maudire, médire, prédire, redire ; les noms et adjectifs qui en dérivent : diseur, diction, contradiction, dédit, malédiction, médisance, prédiction, redite, etc., etc.

V

APPLICATION.

EXERCICE FACULTATIF. Faites un tableau expliquant le sens des dérivés de *mettre, former, porter.*

METTRE, poser, placer, arranger.
Mettable, qu'on peut mettre.
Metteur, qui met.
Mets, ce qu'on met sur la table pour manger.

Messe, la mise en action du sacrifice de Jésus-Christ.
Mise, manière de mettre, argent mis.
Mission, envoi de quelqu'un pour faire une chose.
Missionnaire, chargé d'une mission, etc.

Admettre, mettre auprès, mettre parmi.
Admissible, qu'on peut admettre.
Inadmissible, qu'on ne peut admettre.

Admission, action d'admettre, d'être admis.
Réadmission, *id.*, une seconde fois.

Commettre, mettre avec, confier un intérêt.
Commettant, qui confie un intérêt.
Commis, à qui on a confié un soin, employé.

Commissaire, à qui on a confié une fonction.
Commission, chose commise, confiée, demandée.
Commissionnaire, qui se charge des commissions.

Démettre, faire le contraire de mettre, ôter une commission.
Démission, action de se démettre, de renoncer à un emploi.

Démissionnaire, qui se démet.

Émettre, envoyer loin de soi.
Émission, action d'émettre.

Émissaire, qui a été envoyé en secret.

Entremettre, mettre entre.
Entremetteur, celui qui se met entre deux personnes pour les rapprocher.
Entremise, action de s'entremettre.

Entremets, ce que l'on sert entre les mets, avant le dessert.
Intermittent, qui se manifeste à intervalles réguliers.

Omettre, ne pas mettre, oublier de faire.

Omission, action d'omettre.

Permettre, autoriser à mettre, à faire.
Permis, autorisé; autorisation.

Permission, action de permettre.

Promettre, mettre d'avance, s'engager à faire.
Prometteur, qui promet.

Promesse, action de promettre, chose promise.
Promise, qu'on a promis de marier, fiancée.

Compromettre, mettre d'avance avec, mettre dans un embarras.

Compromis, soumission à des arbitres.

Remettre, mettre de nouveau, différer, pardonner.
Remise, action de remettre; lieu où l'on remet des voitures.
Remiser, mettre sous remise.

Rémissible, qu'on peut remettre.
Irrémissible, qu'on ne peut remettre.
Rémission, action de remettre.

Soumettre, mettre sous.
Soumission, action de soumettre.

Soumissionnaire, qui a fait une soumission pour une entreprise.

Transmettre, mettre au delà, faire passer.
Transmissible, qu'on peut transmettre.

Transmission, action de transmettre.

Forme, figure extérieure.
Former, donner la forme, créer.
Formation, action de former, d'être formé.

Formalité, obligation d'agir suivant la forme.
Formel, selon la forme, exact, précis.

Format, forme, grandeur d'un livre.
Formaliser (se), se choquer des formes.

Formule, petite forme prescrite.
Formulaire, recueil de formules.
Formuler, disposer suivant la formule.

CONFORME, qui a la même forme.
Conformer, rendre conforme.
Conformité, état des choses conformes.

Conformation, disposition des formes composant un tout.

Déformer, gâter la forme.
Difforme, qui n'a pas la forme voulue.

Difformer, rendre difforme.
Difformité, chose difforme.

Informe, qui n'a pas de forme (*in*, nég.).
Information, recherche de la forme, des détails d'un fait (*in*, dans).

Informer, faire une information ; avertir.

Réformer, rétablir dans l'ancienne forme ; retrancher les abus, retrancher.
Réformateur, qui réforme.

Réformation, réforme, action de réformer.
Réformé, attaché à la religion réformée.

Reformer, former de nouveau.

Transformer, former au delà de ce qui est, changer.

Transformation, action de transformer.

Uniforme, qui a une seule forme ; vêtement qui est le même pour tous.

Uniformité, état de choses uniformes.

PORTER.
Port, action de porter, de se tenir, etc.
Portable, qu'on peut porter.

Portatif, facile à porter.
Portée, ce qu'on peut porter ou atteindre.
Porteur, qui porte.

Apporter, porter vers le lieu où l'on est.

Apport, action d'apporter, chose apportée.

Comporter, permettre.

Comporter (se), se conduire.

Déporter, porter au dehors.

Déportation, action de déporter, d'être déporté.

Emporter, prendre avec soi.
S'emporter, se porter au delà des bornes.

Emporté, qui se met en colère.
Emportement, état de celui qui s'emporte.

Exporter, porter au dehors.

Exportation, action d'exporter.

Importer, apporter du dehors; être important.

Important, qui a de l'importance; qui se donne de l'importance.

Importance, ce qui rend une chose, un homme considérable.

Importun, qu'on ne peut supporter, fâcheux.
Importuner, être importun.

Importunité, action d'être importun.

Rapporter, apporter de nouveau.
Rapport, action de rapporter, rapprochement.

Rapporteur, qui rapporte, qui compare les angles.

Reporter, porter de nouveau.

Remporter, emporter de nouveau.

Supporter, porter par dessous, soutenir.
Supportable, qu'on peut supporter.

Support, ce qui supporte.

Transporter, porter d'un lieu à un autre.
Transport, action de transporter; enthousiasme.

Transporté, porté hors de lui-même.

Ce travail est fort long et ne peut être fait qu'à l'aide d'un dictionnaire. On pourra n'en donner qu'une partie, et l'on ne devra pas exiger que l'élève mette tous les mots. Il faut se contenter des plus usités.

VI

USAGE ORTHOGRAPHIQUE DE LA DÉRIVATION.

RÉPONSES A QUELQUES QUESTIONS.

Le *t* d'*abriter*, de *cocotier*, est destiné à empêcher la rencontre de deux voyelles (hiatus) : *cocoier*, aurait semblé dur ; *abrier* ne l'est pas, et ce mot est usité, en Normandie, pour *abriter*.

On dit *secourir* et non *secoursir*, parce que l'*s* de *secours* ne se prononce jamais. Il en est de même de *discourir* (discours), *concourir* (concours), etc.

Expliquer, par la dérivation, l'orthographe de quelques mots du récit : Main, à cause de manier, manufacture, etc.; grand, grande, grandeur ; sec, sécheresse ; sourcil, sourciller ; joint, jointe, jointure ; tenant, tenante, tenailles ; bras, embrasser ; habitant, habitation ; pas, passer ; abord, aborder ; compte, computation ; deux, deuxième ; enfants, enfantin ; élégante, élégamment ; **doux, douce** ;

voix, vocal ; corps, corporel ; demandant, recommandation ; levant,
élévation ; ciel, céleste ; affreux, affreuse ; serment, assermenté.

Les noms féminins sont terminés par un *e* : Virginie, émue, etc.

EXERCICE ÉCRIT. I. Justifiez par la dérivation l'orthographe des mots :
aigre, etc.

Acide ; écrivasserie, écrivailleur ; gagner ; mondanité ; panifica-
tion ; urbanité ; secrétariat ; alimentation ; circulation ; salutation ;
gras ; lacté ; attraction ; plénitude ; rénal, réniforme ; sérénité ;
puissant (part. prés.), puissance ; prudent, prudence (338, 339) ;
mantelet, mantille ; châtelain, respectueux.

II. Tirez des verbes des mots suivants : banc, etc.

Banqueter, flanquer, bivouaquer, craquer, saccager, bloquer,
choquer, défroquer, stuquer ; — blanchir, affranchir ; — activer,
vivifier ; — croiser, affaisser, roussir, courroucer ; — aboyer, con-
voyer, effrayer, employer, octroyer.

III. Tirez des adverbes des mots suivants : chétif, etc.

Chétivement, collectivement, comparativement, craintivement,
définitivement, oisivement, pensivement, primitivement, successivement.

Hideusement, courageusement, orageusement, dédaigneusement,
fougueusement, doucement, jalousement, paisiblement, faussement.

IV. Tirez des noms des verbes suivants : balayer, etc.

Balai, déblai, essai ; monnaie, paie ; relai, remblai, envoi, appui,
ennui.

V. LE VOYAGEUR DANS L'EMBARRAS.

C'était en Orient. Le marchand-bijoutier Abdallah voyageait
seul, contre l'habitude. Il revenait des Indes, où il était allé
chercher des rubis et d'autres pierres précieuses destinées à
orner des bijoux. Comme la filouterie et le brigandage sont
fort répandus dans ce pays, il portait, pour dérouter les filous,
une boîte non en étain, mais en fer étamé ou ferblanc, à laquelle il paraissait attacher le plus grand prix. Le fait est que
cette boîte n'avait aucun droit à être prisée, puisqu'elle ne
contenait que des provisions, tandis que ses bijoux étaient
cousus dans ses vêtements. Il voyageait d'abord avec une ca-
ravane ; mais s'étant querellé avec le conducteur, il fut abandonné pendant son sommeil dans un caravansérail. Voilà
pourquoi il était seul. La route était semée de cailloux, et ce
cailloutis le fatiguait d'autant plus que l'air était très-chaud,

et s'échauffait de plus en plus. Le pauvre marchand était rubicond. Ce qui le préoccupait le plus cependant, ce n'était pas la fatigue corporelle : les maux du corps n'étaient rien pour lui au prix des inquiétudes de l'esprit. S'il était attaqué dans ce lieu désert, qui pourrait le secourir ? quel concours pouvait-il attendre ?

Tout en raisonnant ici, il aperçut un groupe de cocotiers qui abritaient une espèce de puits ou de citerne. Il y chercha un abri contre le chaud. Quelques cocos étaient tombés, il les mangea ; il recueillit aussi des herbes qu'il assaisonna avec du sel, de manière à s'en faire une salade. Des bouffées d'air frais venaient le rafraîchir, et, puisant dans sa tabatière quelques pincées d'excellent tabac qu'il prisait avec délice, il commençait à se rassurer. Il était en train d'examiner une fourmilière où se rendaient quantité de fourmis. Cet examen l'intéressait d'autant plus qu'une souris s'était engagée au milieu d'elles avec son souriceau et qu'elle était criblée de piqûres.... Bref, il avait complétement oublié le danger ; un rugissement vint lui rappeler que l'ennemi dangereux n'était pas loin. Un lion qui s'était avancé jusque-là, en poursuivant biche, daim, daine ou gazelle, l'aperçut et d'un bond s'élança vers lui.... Que faire ? Appeler au secours était inutile. Fuir ?... Il y avait un marais d'un côté, la mer de l'autre, et d'ailleurs le lion eût couru plus vite que lui. Il n'avait pas le choix des moyens ; il ne possédait pas même un bâton. Il cherche du moins à temporiser, et il s'avance vers le lion en le regardant fixement. Ce regard étonne l'animal ; surpris qu'on ne semble pas le craindre, il craint lui-même un piége ; il hésite à faire un pas de plus. Le marchand en voyant le résultat des efforts de sa volonté, devient de plus en plus audacieux ; le lion s'efforce aussi de se rassurer, mais il faiblit ; il continue à regarder son adversaire, mais il recule ; et parvenu auprès d'un buisson qui le dérobe aux yeux, il s'enfuit, s'avouant vaincu et abandonnant la victoire avant le combat.

L'animal le plus féroce craint le regard de l'homme, lorsque celui-ci n'hésite pas et semble avoir le sentiment de sa force.

Dérivés des mots en italique.

Orient, orien*tal*; marchand, marchan*dise*; bijou, bijou*terie*, *irré-gulier*; rubis, rubicond, *irr.*; filou, filou*terie*, *irr.*; étain, étamé, *irr.*; ferblanc, ferblan*tier*, *irr.*; prix, priser, *irr.*; cara*vane*, caravansérail; caillou, caillou*tis*, *irr.*; chaud, chaude, échauffer, *irr.*; corps, cor-porel (l's disparaît); secours, secourir, *irr.*; raisonnant, *ra*tionnel, *ra*tion; coco, cocotier, *irr.*; puits, puiser (le *t* disparaît): abri, abri-ter, *irr.*; sel, salade, salaison, *irr.*; frais, fraîche, rafraîchir, *irr.*; tabac, tabatière, *irr.*; examen, examiner, *irr.*; fourmi, fourmilière, *irr.*; souris, souriceau, souricière, *irr.*; danger, dangereux; daim, daine, *irr.*; bond, bondir; marais, maraîcher, marécage, *irr.*; mer, maritime. *irr.*; cours, courir, *irr.*; choix, choisir, *irr.*; temps, tem-poriser (l's disparaît). regard, regarder; surpris, surprise; craindre, il craint, *irr.*; pas, passer; effort, s'efforcer, *irr.*; vaincre, victoire, *irr.*; combat, combattre.

DICTÉE SUR LA DÉRIVATION.

(Extrait des *Contes et récits*, etc.)

LA MOUCHE ET LE COUSIN.

Une mouche et un cousin pénétrèrent un soir dans une maison située au milieu des champs.

Le cousin entre avec fracas, le vol de la mouche est muet; ils ne venaient pas chercher du repos, mais du butin; tous deux avaient faim, le premier de sang, la seconde de miel.

Au début, ils hésitent; ils rencontrent un amas de vêtements de drap, un fusil, un cheval de bronze au galop : «Tout cela ne nourrit pas beaucoup, » dit-elle.

Tout à coup, elle aperçoit un vase plein de miel. « Voilà de quoi faire un excellent repas, » s'écrie la mouche. Et elle se pose sur le bord du verre, mais en dépit de ses précautions, elle laisse prendre à la glu ses pattes d'abord, et plus tard ses ailes; il ne lui restait aucun moyen de s'envoler, elle mou-rut au point même où elle s'était arrêtée.

« Il n'est pas permis d'être si sot, » bourdonna le cousin, qui avait été moins prompt dans son choix.

Une bougie brûlait sur une table. « Quelle belle lumière! s'écriait-il, quel éclat ! comme cela réjouit le regard ! » Il se lasse de l'admirer à l'écart ; il veut la voir de plus près ; il en fait le tour en volant, il s'en rapproche de plus en plus ; à la fin, il passe au ras de la flamme : il se brûle les ailes et tombe mort.

Ainsi le trépas de l'un des insectes suivit de près celui de l'autre.

Ce n'est pas tout d'éviter la faute que l'on voit faire à son voisin, il faut tâcher de ne pas en commettre soi-même une plus grave.

CHAPITRE II.

DOUBLEMENT DES CONSONNES.

I

CONSONNES DOUBLÉES PAR ATTRACTION.

1. Transformation de la lettre D.

Réponses a quelques questions.

Les consonnes doublées par attraction ou assimilation passent doublées à tous les dérivés ; mais les consonnes doublées par accentuation redeviennent généralement simples quand elles n'indiquent plus la syllabe accentuée : Il appelle, appeler.

Signalez les mots du récit précédent (*les Enfants dans les bois*, IV) où des consonnes ont été doublées par attraction.

Arriver pour a*d*rivés ; ils s'assirent pour s'a*d*sirent ; accablés pour a*d*cablés ; e*ff*rayée pour e*x*frayée (la syllabe *fre, fri, froi* indique le frisson de la *frayeur*, du *froid*) ; rappelle, appeler, a*d*peler ; rafraîchir, l'*f* n'est pas doublé parce que le mot est composé de *re* et de *fraîchir*) ; accorde, a*d* corde (vers la corde ou vers le cœur) ; dans après, la consonne ne se double pas (290).

Exercice. Dans le récit suivant, on a partout imprimé la consonne simple dans la *Grammaire* ; l'élève verra quand il faut la doubler.

LE CARRÉ DE CHOUX.

1. Nicolas accompagnait son père dans le potager où celui-ci s'appliquait à faire croître de beaux légumes. Tout à coup le père s'accroupit et pousse un soupir. « Qu'y a-t-il, papa ? demande Nicolas. — Approche, lui dit le père. Tu vois ces beaux

choux à tête arrondie qui exhalent un arome si agréable; je les
ai arrosés souvent, et j'ai eu beaucoup de peine à les faire arriver où ils en sont. Eh bien, si j'avais attendu quelques jours
encore à les inspecter, toute la récolte était perdue. Regarde
ces points jaunes et allongés qui adhèrent aux feuilles; ce
sont autant de chenilles qui vont apparaître avec une affluence
extraordinaire et dévorer complétement les choux. — Que faut-
il faire pour les en empêcher, papa? demande Nicolas. — Il
faut que tu viennes ici cet après-midi même, et que tu te
mettes à racler l'extérieur de toutes ces feuilles et à les apla-
nir, de manière à ce qu'il ne reste pas un de ces œufs. Il faut
arracher de là et anéantir toute cette engeance. — J'en fais
mon affaire, dit l'enfant, j'arrangerai tout cela. »

Dans l'après-midi, Nicolas vint en effet au jardin; mais il
s'ennuya bientôt de faire la chasse à ces œufs agglomérés ou
plutôt agglutinés : j'achèverai demain, dit-il, avec sa paresse
accoutumée, et il s'en alla jouer. Le père n'eut pas le temps de
s'aposter dans le jardin et de se tenir à l'affût pour voir si ses
ordres étaient accomplis....

2. Transformation des lettres M, N, B.

RÉPONSES A QUELQUES QUESTIONS.

On emploie *com* au lieu de *con*, et *im* au lieu de *in* devant les
lettres *b*, *m*, *p* : *Composer*, *commander*, *imposer*; *concours*, *in-
digne*, etc.

Voici les mots du récit (*les Enfants dans les bois*, V) auxquels les
règles s'appliquent :

Insu*ff*isante pour insu*b*fisante : reconnut pour recom*n*ut; o*ffr*e pour
ob*f*re; ir*r*égulier, in*r*égulier; op*p*ose, ob*p*ose; *ile* avec la consonne
simple (292); *in*duction (*in* devant *d*); *in*vention (*in* devant *v*);
su*gg*éra pour su*b*géra; suppléer pour sub*p*léer; absence (*ab* devant *s*);
a*ll*umant, ad*l*umer, (*ad*, *lumière*).

EXERCICE. Doublez, au besoin, les consonnes simples dans le récit
suivant.

LE CARRÉ DE CHOUX.

II.... Il fut obligé de s'absenter quelque temps. Au retour,
il accourut immédiatement au potager. Quel triste spectacle

s'offrit à ses yeux ! Sa belle collection était en proie à une colonie d'insectes. Une innombrable quantité de ces animaux
avait inondé tout le jardin. Ses choux, naguère d'un si beau
coloris, étaient corrompus, crevassés, dévorés : ce n'était qu'une
immense fourmilière de chenilles vertes ! Nicolas était immobile de confusion, en voyant les conséquences de la faute qu'il
avait commise et dont l'opprobre retombait sur lui. Il se trouvait anéanti, et n'avait même pas la force de protester de son
innocence. Son père vit ses remords, et tout commentaire lui
sembla inutile. « Tu n'as pas voulu me croire, lui dit-il ; tu as
cru pouvoir attendre, et t'occuper de mes ordres quand tu aurais le temps ; tu as cru que tu pourrais faire plus tard ce que
tu ne faisais pas à l'heure indiquée ; tu vois combien cet espoir
était illusoire. Je te pardonne pour cette fois ; mais que cela
te corrige et t'apprenne à faire les choses en temps opportun.
Ne remets jamais à demain ce que tu dois, ce que tu peux faire
aujourd'hui. Au contraire, fais aujourd'hui ce que tu dois faire
demain. »

TRANSFORMATION DES LETTRES S, X.

Voici les mots du récit (*les Enfants dans les bois*, VI), où les règles sont appliquées :

Assujétit, *ad* sujétit (sujet) ; di*ff*érent, dis *f*érent ; e*ff*ort, *ex fort*
(d'après sa force) ; e*ff*icaces, *ex f*icaces ; *disposa* (*s* se conserve devant *p*) ; sou*ff*lait (298) pour sou*b f*lait ; a*ff*aisser, *ad f*aisser (faix).

EXERCICE. Doublez, au besoin, les consonnes dans les mots des récits suivants, en italiques dans la *Grammaire*.

LA TENTATION.

1. Un homme du monde se promenait un jour avec un abbé. Il
y avait dans le jardin à la française où ils causaient, des fleurs
odorantes et des fruits succulents, des figues sucrées, des
pommes d'api arrondies, etc. On avait même acclimaté quelques arbres étrangers dans un labyrinthe où l'on pouvait s'égarer ; mais l'ensemble n'était ni carré, ni rond, ni ovale : il
avait une forme irrégulière qui ne donnait satisfaction ni aux
yeux ni à l'esprit.

« Si j'étais à votre place, disait l'homme du monde, je ferais agrandir ce jardin. J'aplanirais ce terrain, j'aplatirais cette butte, je planterais ici des arbres verts dont les fruits sont en cônes : pins, sapins, cèdres, etc. J'acquerrais l'îlot voisin et ces petites propriétés qui interceptent la vue. Les possesseurs s'arrangeraient d'une faible somme. Il s'offre même une occasion d'acquérir le tout à vil prix. Ce ne serait pas une affaire. Vous feriez apporter de la terre végétale sur ce terrain ocreux. Il suffirait de quelques additions à la maçonnerie pour produire des effets merveilleux, et rendre ce petit domaine digne du nom illustre que vous portez. Je donnerais beaucoup pour être témoin oculaire de ces arrangements.

— Mon ami, répondit l'ecclésiastique, je me reproche déjà de posséder cette propriété lorsque tant d'hommes vivent accablés de misère. Je ne veux pas connaître l'occasion dont vous me parlez. J'aggraverais le mal en commandant ici des agrandissements dont je n'éprouve pas le besoin, et ce serait d'ailleurs un véritable supplice pour moi de jouir d'un superbe jardin qui ne rapporterait rien à personne. Le bonheur suprême, c'est de secourir les opprimés. Je ne ferai donc point les arrangements que vous me conseillez. Savez-vous ce que vos paroles me rappellent? Un passage de l'Évangile. Le démon conseillait à Jésus de changer des pierres en pains, et vous, vous me conseillez de changer en pierres le pain que je destine à nos pauvres.

Il ..... Le vent qui soufflait du sud, loin de rafraîchir le voyageur, lui apportait des bouffées d'air chaud. Il étouffait. Sa chaussure s'était usée après une si longue marche ; il ne lui restait que des pantoufles qu'il avait attachées à ses pieds. Ses jambes s'étaient boursouflées ; il marchait très-difficilement, et cela sans savoir où il arriverait. — Peut-être s'approchait-il de quelque village habité par des sauvages, plus irascibles et plus terribles que ces Iroquois des griffes desquels il avait eu tant de peine à s'arracher. Pour comble de malheur, l'espèce de chemin qu'il avait suivi jusque-là se bifurquait ; tournerait-il à droite? se dirigerait-il à gauche? Comme il était en proie à ces appréhensions, il entendit une voix amie qui l'appelait.... Il avait passé la frontière et se retrouvait en pays civilisé.

II

CONSONNES DOUBLÉES PAR ACCENTUATION DANS LES SYLLABES FÉMININES.

1.

Lettres L, M, N, T dans les syllabes **enne, elle, ette, omme, onne.**

RÉPONSE A UNE DES QUESTIONS.

On ne double pas *l* dans *fidèle, modèle,* etc. On ne double par *t* dans les mots *achète, comète, discrète,* etc., parce qu'on met un accent grave sur l'*è*. Si l'Académie a préféré cette orthographe à l'autre, c'est, en général, à cause de l étymologie latine ou grecque.

Quels sont les mots du récit précédent (*les Enfants dans les bois,* VII) auxquels s'appliquent les règles de cette leçon?

Jetterait (302), apprenne (303), s'étonne (302), comme (302), appelle (302), laquelle (302), celles (302), promènent (302), elle (302), bouillonnant (303), elle (302), mettre (302).

EXERCICE. I. Écrire correctement les vers suivants, dans lesquels on a fait entrer les exceptions.

I. LA NUIT.

Le ciel n'est point obscur,
Dans la nuit incomplète
Une immense comète,
Qui de terreur secrète,
Remplit l'âme inquiète,
Luit dans le sombre azur;
Plus près, une planète,
De clarté plus discrète,
De forme plus replète,
Brille d'un feu plus pur.

C'est l'heure où le prophète,
Éloquent interprète
Des destins d'Israël,
De son humble retraite
Invoquait l'Éternel;
C'est l'heure où le poète,
Qui trop souvent achète
La gloire par la diète,
Rêve les chants du ciel.
Dans le bois Philomèle
A sa douleur fidèle,

Pleure ses fils sans aile,
Ravis à son amour.
Animé d'un beau zèle,
Avec l'oiseau modèle
Bravant le parallèle,
Un chanteur, de la tour
Où fleurit l'asphodèle,
Aux échos d'alentour
Lance sa cantilène,
Que sa flûte d'ébène
Nous redit à son tour.

Mais là-bas sur l'arène,
Ma chienne se démène
Comme un éne gumène....
Qui cause sa fureur?
C'est l'objet de sa haine,
La lune déjà pleine,
Qui, là, sur la hauteur,
Surgit, calme et sereine,
Et répand sur la scène
Sa rêveuse lueur.

II. Compléter les mots inachevés :

Le bois bourgeonne,
Le pré gazonne,
La fleur frissonne,
La mer moutonne,
L'herbe frissonne
Au souffle du vent;
Le soleil rayonne,
La mouche bourdonne
Un chant monotone;
La plante boutonne,
Le bois se couronne
D'un panache mouvant.
L'hirondelle en chantant
Dans les airs tourbillonne,
Et fait son nid criard

Au tuyau que ramone
Le petit savoyard.

Une autre hirondelle
Va sur la tourelle,
Puis au coin d'un mur,
Son bec pour truelle,
Bâtit un nid sûr.
La mer étincelle
Lorsque la nacelle
Fend les flots d'azur;
Tout se renouvelle;
La terre plus belle,
Se croit immortelle
Sous cet air plus pur.

III. La tempête courbe les arbres sur la crête de la montagne, mais tout est calme dans la vallée. La fauvette chante dans les buissons, sous lesquels fleurit la violette; les bergeronnettes recueillent des vers auprès des ruisseaux, pendant que les alouettes chantent et tournent en spirale au haut des airs. Sous la coudrette, les bergères chantent leurs chansonnettes en faisant des bouquets de juliennes parfumées. Les abeilles butinent sur les fleurs du troène et établissent leurs ruches dans le creux des chênes. Au bord d'une fontaine, soustraite à l'haleine des vents se trouve une douce retraite. C'est là que les jeunes filles conviennent de se réunir pour faire la méridienne; c'est là qu'elles s'entretiennent entre elles. C'est là aussi que les soirs des jours de fête, les habitants du village viennent danser. Les danseuses sont elles-mêmes les musiciennes, pendant que les personnes plus âgées se promènent autour de cette scène champêtre.

2.

LETTRES R, F, L, dans les syllabes are, ère; afe, effe, iffe, offe, uffe, ouffe; ale, ile, ole, ule.

RÉPONSE A QUELQUES QUESTIONS.

Les mots « arrhes » et « catarrhe » ont un *h* outre leur double *r*. Dans les mots tirés du grec *r* est ordinairement suivi de *h* devant une voyelle : *rhétorique, rhapsodie, rhumatisme, rhyth*me. Mais c'est l'*h* français qui figure dans *rhabiller* pour *rehabiller,* etc.

Quels sont dans le récit précédent *(les Enfants dans les bois,* VIII) les mots auxquels s'appliquent les règles de cette leçon?

Rivière (è bref), *homme* (302), difficile, facile (307), manquèrent, terre, frère (305), les mie*nn*es (302), console (307), mères (305), tou*ff*e (298), utile (307).

Exercice. Corriger les morceaux suivants.

1. La demeure de son père était une maison proprette entourée d'un lierre; au devant était un parterre dessiné à l'équerre, d'un caractère assez prosaïque, mais agréable à l'œil. La guerre et le tonnerre s'en étaient pris l'un et l'autre à cette maison; le tonnerre avait labouré une vieille tourelle qu'on n'avait pas relevée, et un boulet s'était logé dans une pierre du pignon. La vie n'avait rien d'austère dans cette maison , et Paul y passa, entre sa mère et son frère, ces premières années de l'enfance, étrangères à toute préoccupation, sans que rien lui fît prévoir les amères épreuves auxquelles il devait être soumis plus tard.

2. Il fumait un cigare au moment où il aperçut le phare ; il s'élance lui-même à la barre et déclare qu'il faut qu'on se prépare à débarquer auprès de la mare, en profitant de l'obscurité de la nuit et du tintamarre que l'on fait dans la ville à l'occasion de la fête donnée au roi de Navarre.

L'économe avait fait apporter une somme de pommes, et il s'en élevait un arôme agréable.

3. Les magnifiques épitaphes que les anciens Égyptiens faisaient inscrire en hiéroglyphes sur leurs tombeaux et leurs cénotaphes, ont longtemps passé pour des logogryphes et n'ont pas sauvé leur mémoire de l'oubli. Leur pays est désert, et les géographes qui vont l'étudier s'y rencontreraient avec les girafes, s'il y avait un peu plus d'arbres. Le temps étend sa griffe sur les monuments et biffe les inscriptions. Partout où la domination musulmane a passé avec ses califes, pontifes et rois, ses soldats sans famille et ses sérails, la solitude s'est faite, et la barbarie a triomphé.

4. Il passa sa première jeunesse dans un greffe, mais il y avait en lui l'étoffe, sinon d'un philosophe, au moins d'un écrivain remarquable. Il y a dans ses odes de belles strophes, et il aurait pu aller loin sans la catastrophe qui termina ses jours si brusquement.

5. Les pruniers et les cerisiers distillent une gomme qui ressemble à la gomme arabique. Le myrtille, qui croît à leurs pieds dans les bois, aime les terres peu fertiles ; il se plaît dans les landes stériles, et donne souvent asile à de petits reptiles, qui y vivent tranquilles, protégés contre les animaux qui leur sont hostiles. Les enfants recherchent le fruit noir et acidulé de ce petit arbrisseau aux rameaux fragiles.

6.   L'ÉLIXIR DE LONGUE VIE.

I. A la fin du dernier siècle, dans la capitale de la France et dans une maison située aux abords de la halle, vivait un personnage qui prétendait avoir rapporté des Indes-Orientales une composition secrète d'une efficacité merveilleuse. C'était une substance molle, de la consistance de la colle de pâte, que l'on délayait dans l'eau. Une pilule, un seul globule de cette précieuse substance infusée dans un liquide préparé exprès, avalé au commencement de chaque mois, prolongeait, assurait-on, la vie d'une année ; de sorte qu'on pouvait avec certitude arriver à une vie de cent ans, de mille ans peut-être, si l'on était docile aux prescriptions du docteur. Ces prescriptions, du reste, n'avaient rien de difficile : on pouvait les suivre à la ville ou à la campagne, pour peu qu'on vécût tranquille et sans agitation désordonnée. Mais si l'on manquait aux prescriptions, on était trompé dans ses calculs ; et l'efficacité du remède se trouvait nulle dès lors. Les vertus de cette substance avaient été développées dans un prospectus en style pittoresque, où l'on assurait que la formule en avait été trouvée dans le temple d'une idole de cannibales. L'inventeur, du reste, se réservait le monopole, et la vente de ces fioles aurait pu être pour lui un Pactole ; mais il était modeste et tenait à être utile. La fiole, avec un cachet symbolique et la manière de s'en servir, ne coûtait qu'une pistole. C'était une obole en vérité; aussi l'élixir trouvait-il de fervents acheteurs non-seulement parmi les imbéciles, mais encore parmi les gens d'esprit, qui ne sont pas toujours les moins crédules.

Lettres M, N, P, T, dans les syllabes : ame, ème, ime, yme, ume; — ane, ine, une; — ape, èpe, ipe, ope, upe, oupe; — ate, ite, oute, ute, ote, otte.

Le questionnaire n'offre aucune difficulté. *Ete* n'a pas été oublié dans la série : *ate, ite, ote, oute, ute;* la règle qui le regarde se trouve au nᵒ 302.

Voici les mots du récit (*les Enfants*, etc., ix) auxquels les règles s'appliquent :
Limite (311), occidentale (307), lianes, voisine (309), cime (308), quelques-unes (309), bramement (308), gîte, toute (311), dissipe (310), répètent (302, exc.)

Exercice. Corriger les morceaux suivants.

1. Il y a en français beaucoup d'homonymes, c'est-à-dire des mots qui ont le même son, mais qui n'expriment pas la même idée : le mode en grammaire, et la mode; le page et la page ; la pupille de l'œil et la pupille d'un tuteur ; une grande ville et une âme vile. Il y a aussi des paronymes, c'est-à-dire des mots qui se ressemblent : un saut, de sauter, un seau pour puiser de l'eau, un sceau pour sceller, et un sot, qui manque d'esprit. Mais, il n'y a pas à proprement parler de synonymes, puisqu'il n'y a pas deux mots qui peignent la même nuance intime de la pensée.

2. Il y a en Pologne et en Russie des mines de sel gemme, dont le goût est le même que celui du sel marin.

3   Un mauvais violon se brise, on le recolle :
        Il est bon!... Le malheur est une heureuse école.

4   L'ÉLIXIR DE LONGUE VIE.

II. Partout on discute ou plutôt on dispute sur le mérite de la médecine nouvelle, bien supérieure au dictame, puisque cette plante ne guérissait que les blessures. Les femmes surtout en raffolent, depuis la paysanne au front tanné, qui vanne son blé devant sa grange, jusqu'à la grande dame qui passe sa journée à sa toilette, tout le monde s'enflamme pour le docteur, dans la cabane où le berger s'enveloppe de sa houppelande, et dans le palais où le grand seigneur se pare et se carre dans son riche costume de cour. Les épigrammes n'y peuvent rien ; toutes les têtes sont séduites, et le docteur réalise une fortune colossale.

Vous croyez peut-être que l'épreuve est fatale à la nouvelle drogue? Détrompez-vous. Ce que n'ont pu faire les prescriptions des Hippocrates en renom, la fiole l'opère sans effort. Ceux qui en usent, en accomplissant toutes les prescriptions additionnelles, échappent réellement à la maladie et à la mort. Elle dissipe les vapeurs, supprime les gastrites, les entérites, les bronchites et toutes les autres *ites* de la Faculté médicale ; elle chasse le spleen, et contient un principe de vie. Quelques-uns de ceux qui en ont pris sont morts à la vérité ; mais ils avaient visiblement contrevenu aux règles de conduite du docteur Philippe ; et cela ne discréditait pas le remède : le docteur en était quitte pour faire constater ce fait. Ceux qui avaient pris non-seulement ses gouttes, mais qui avaient suivi toutes ses prescriptions, vivaient sans rechutes et sans luttes avec la maladie. Le remède eût donc envahi toute l'Europe, si celui qui en avait la formule n'eût été enveloppé dans la proscription générale à laquelle l'humanité entière est soumise, et ne fût descendu lui-même dans la tombe.

Quelles étaient les règles de conduite prescrites par l'Esculape interlope? Éviter les passions vives, les dîners trop succulents, et les veilles prolongées ; mener une existence tranquille, dormir la nuit et prendre dans le jour un exercice modéré. — Et ses pilules? Et son élixir ? — C'étaient des boulettes de mie de pain, et de l'eau de Seine aromatisée de cannelle.

5. A l'entrée de la grotte, Marotte épluche une botte de carottes qu'elle vient de tirer d'une hotte. Louise tricote à côté et chuchote à demi-voix en se penchant à son oreille. Claudine, qui a l'oreille dure et qui radote, croit que l'on complote

contre elle. Joséphine dans un coin sanglote de se voir traitée en ilote ; et, pendant que sa marmotte dort à ses pieds, Javotte marmotte entre ses dents je ne sais quel air de gavotte.

6. Non loin du lac Asphaltite, dans un site désolé, un ermite s'est installé : il n'a pas fait beaucoup de prosélytes. Il a un acolyte, cependant, qui n'a jamais voulu le quitter. Les paysannes leur apportent quelquefois dans leurs hottes des grappes de raisin, des dattes et des fruits desséchés. Leur conduite les a rendus un objet de vénération. Jamais les Arabes voleurs n'ont frappé à leur porte que pour solliciter leur bénédiction. Ils célèbrent la messe dans le style et selon le rite grecs. Quand ils reçoivent des visites, ils en sont quittes pour offrir aux curieux quelques racines cuites et un peu de fromage de chamelles.

CHAPITRE III.

DÉSINENCES.

I

DÉSINENCES FÉMININES.

Mots féminins.

Réponses aux questions.

Il y a beaucoup de noms masculins terminés par un *e* muet.

Exemples : Père, frère, livre, arbre, maître, homme, passage, modèle, télégraphe, Charles, Philippe, Alexandre, châle, verre, cadre, exemple, évangile, prêtre, dictionnaire, monticule.

Les mots en *tié* qui ne sont pas des participes passés sont tous féminins.

Il y a quelques noms masculins en *té* : pâté, thé, précipité, côté, jeté, député, etc.

Il y a beaucoup de mots masculins en *on*, mais il y en a très peu en *ion* et en *son* (zon). Voir les exceptions, n° 16, 1re partie.

Les mots du récit *(les Enfants dans les bois, x)* auxquels les règles s'appliquent sont les suivants :

Lieu (316) ; soleil (317) ; sec (320) ; pareille (317) ; feu (316) ; feuilles (317) ; seule (318) ; celle, elle (318) ; amer, mère, prière (319) ; frère (319, exc.) ; fidèle (318, exc.) ; voix (315) ; lieues (316).

Exercice. Mettre au féminin dans les vers suivants les déterminatifs et les adjectifs qui se rapportent à des noms féminins. Faire une liste des mots en italiques, et en indiquer le genre.

1. L'ENFANT DANS LES RUINES.

La Noel est pass*ée,*	Est de fleurs pavois*ée* ;
La mer n'est plus glac*ée,*	George, l'enfant mutin,
L'hiver est à *sa* fin ;	S'en va dans la rosé*e,*
La forêt ce matin	Sans souci de *la* faim..

Il court depuis une heure,
Oubliant sa demeure ;
Il effraie en chemin
La perdrix qui s'échappe ;
Un lézard qu'il attrape,
Sur la chair de sa main
S'use la dent en vain.

Dans un cloître en ruines
Il entre sans émoi.
Là, jadis un saint roi
Venait ouïr matines
Avec une humble foi ;
Là, mainte sœur titrée.
Par un frère frustrée
De sa dot, vint, cloîtrée,
De Dieu suivre la loi.

Une source chétive,
Au milieu de la cour,
Verse une eau fugitive
Aux brebis d'alentour,
Quand leur soif est trop vive ;
Plus loin surgit la tour
Où niche, loin du jour,
La gent des oiseaux sombres ;
Son escalier en vis,
Ne sert plus qu'aux souris,
Aux lézards, aux fourmis,
Peuple ami des décombres.

Sans merci, dans l'enclos,
La mort a de sa faux
Abattu toutes choses ;
Les murs sont de la chaux,
On cherche en vain les roses
Qui couvraient les tombeaux
Où mainte sœur repose.
Un noyer riche en noix.
Un pin gonflé de poix,
Ont entouré la croix
Qui sur les morts se pose.

L'église au vieux toit noir
Conserve sa structure.

On pourrait même voir
La clef dans la serrure...
George entre à pas discrets :
Que la nef est obscure !..
C'est la nuit et la paix !
Pas même un seul murmure !
Pour conjurer la peur,
Il chante un air moqueur.

Mais les voûtes frémissent !
Les croulantes parois
Bruyamment retentissent
En renvoyant sa voix !..
La toux qui le tourmente,
L'écho la lui redit !..
Il s'arrête, interdit...
Chaque objet l'épouvante ;
Mainte histoire effrayante
Revient dans son esprit.
Peut-être cette corde,
C'est la hart qui pendit
Quelque coquin maudit,
Dont la voix retentit
Criant miséricorde !
L'enfant frissonne et fuit !

Sa mère le ramène,
Et George de nouveau
Interroge l'écho,
Explore le domaine.
— J'avais peur de ma voix,
Dit-il, mais je l'espère,
C'est la dernière fois
Que j'aurai peur, ma mère.

— A l'avenir, enfant,
Qu'un objet effrayant
Devant toi semble naître,
Ne fuis pas ! prends du cœur !
Avance avec vigueur
Pour le voir disparaître
Et rire de l'erreur ;
Ou du moins reconnaître
Où le danger peut être,
Avant d'en avoir peur.

Heure, *f.*; demeure, *f.*; brebis, *f.*; vis, *f.*; souris, *f.*; fourmi, *f.*; merci, *f.*; noix, *f.*; poix, *f.* Et dans les vers suivants, vertu, *f.*

2. RUTH.

Noémi disait à *sa bru :*   « S'attachera comme une *glu.* »
« Retourne au pays de ton père;
Tu veux montrer trop de *vertu;*   Ruth répond d'un ton résolu :
Si tu me suis dans ma *tribu,*   « Je serai près de vous, ma mère. »
Sur toi la terrible misère

2. *Mots féminins. Finales masculines et féminines comparées.*

RÉPONSES A QUELQUES QUESTIONS.

Il n'y a que deux mots masculins qui étant terminés par *l* mouillé aient un *e* muet à la fin, c'est : *Chèvrefeuille* et *portefeuille.*

Il n'y a pas de noms masculins en *eule;* en *oule* il n'y a que *moule,* forme; *moule,* coquillage, est du féminin.

Les désinences en *ac oc, uc,* deviennent au féminin *aque, oque, uque;* parce que si l'on y ajoutait seulement un *e* muet on aurait un autre son : *ace, oce, uce.*

Il n'y a guère de noms féminins en *age* que les six qui suivent : cage, image, nage, page (dans un livre), plage, rage.

EXERCICE. Compléter les terminaisons féminines dans les morceaux suivants.

Noms masculins et féminins des 25 terminaisons.

1. Le soleil se lève ; la nature sort du sommeil ; les abeilles voltigent déjà sur les fleurs vermeilles. Les oiseaux, à leur réveil, remplissent les airs de chansons qui charment l'oreille ; déjà les mésanges se gorgent de groseilles; les grives visitent les treilles où mûrissent les raisins; la corneille se perche à l'écart sur un arbre, mais les hirondelles tiennent conseil sur les toits. Au bord du sentier, des petites filles recueillent de l'oseille sauvage dans des corbeilles.

2. C'était naguère le dégel, et déjà le ciel est bleu. La ruche se remplit de miel. Les oiseaux d'hiver, après avoir battu le rappel à leur façon, sont partis pour donner des nouvelles du printemps à d'autres oiseaux qui viennent les remplacer à tire-d'aile. Les tourterelles roucoulent sur la tourelle; les saute-

relles sautent dans les pimprenelles ; au seuil de la vieille chapelle abandonnée, pousse la citronnelle dont l'odeur embaume. Les moutons lèchent le sel que la chaleur développe sur les murailles.

3. Le bétail est dans les champs ; les brebis sortent du bercail, et la volaille de la basse-cour : la terre est en travail, et de ses entrailles sortent des bourgeons et des fleurs ; les prés sont un émail ; la caille chante dans les blés, et au pied des murailles, le lézard chauffe au soleil sa peau garnie d'écailles. Les broussailles sont pleines de nids ; l'humble coccinelle aux ailes de corail se plaît parmi les plantes d'ail où elle disparaît à cause de la petitesse de sa taille.

4. Tout s'est fait gai avec le mois de mai. Les geais crient dans la frênaie ; la petite fille coupe des balais dans la boulaie ; le jardinier, revêtu de sa saie ou blouse, coupe des étais dans la chênaie. Les essais tentés pour reboiser les falaises ont réussi, et la colline de craie, qui entoure la baie, s'est couronnée d'une haie d'aubépine, derrière laquelle s'abrite une jeune châtaigneraie.

5. Le fenouil croît par touffes dans les sables, le cerfeuil dans les potagers, et la mille-feuille au bord des chemins ; l'écureuil disparaît sous les feuilles ; le chevreuil fait fuir les grenouilles ; le bouvreuil chante dans les chèvrefeuilles ; les arbres en quenouille se sont couverts de fleurs printanières, et les vertes demoiselles reçoivent des plantes aquatiques le plus gracieux accueil.

6. Plus de deuil, avril a réveillé les oiseaux ; s'il tombe encore un peu de grésil, s'il se fait encore quelque gelée blanche le matin, l'aurore en paraissant dissipe ces restes de l'hiver ; la nature a repris sa parure. Les charmilles. sont pleines de murmures joyeux et de douces voix gazouillantes. Le rossignol de muraille fait son nid dans les vieux murs ; le bouvreuil cache le sien sous les feuilles du cerisier. L'alouette dirige son vol en spirale dans l'azur du ciel. Les agneaux font des cabrioles sur la verdure ; les insectes dansent des farandoles ; les

abeilles recueillent les trésors de miel et de cire renfermés dans les fleurs. Tout est activité, joie et plaisir, depuis le végétal qui feuillit, jusqu'à l'homme qui sent à la fois et comprend son bonheur.

7. Le roi nègre, la tête couverte d'une toque à plumes, tout fier de ses vêtements en loques et d'une multitude de breloques sans valeur suspendues à son cou, se tenait sur un roc, s'apprêtant à faire un superbe marché : le troc de trente de ses sujets contre une chemise !

8. Les Bohémiens surpris dans leurs bivouacs par cette brusque attaque n'eurent que le temps d'endosser leurs casaques et de prendre leurs toques. Ils rencontrèrent heureusement un bac qui leur permit de passer la rivière. C'est ainsi qu'ils échappèrent aux coups des Cosaques.

3.

Désinences en **ace, asse ; — aine, eine ; — aire, ère, ière ; — aise, èse, eize ; — aisse, èce, esse ; — anche, enche, ange, enge ; — ande, ende.**

RÉPONSES A QUELQUES QUESTIONS.

Les verbes en *aire* sont : braire, faire, plaire, taire, traire et leurs composés, défaire, contrefaire, satisfaire, surfaire ; complaire, déplaire ; distraire, extraire, soustraire, etc.

Empèse n'est pas un composé de *pèse* et le premier a pour racine *poix*, d'où *poisseux* ; et le second a pour racine *poids*, d'où *pesant*.

Voici les mots du récit (*les Enfants*, etc., XI), auxquels s'appliquent les règles :

Caresse, messe, négresse (327) ; arrivée, joie, queue (316) ; faire (325), animal (318) ; chaîne (324) ; grâce (323).

EXERCICE. Corrigez, s'il y a lieu, les mots en italiques dans les morceaux suivants. — Écrire les chiffres en toutes lettres.

L'AVARE ET SON DINER.

Certain avare était gourmand ; cela n'arrive guères sans doute, mais cela se rencontre. Celui-ci avait un voisin prodigue, qui, sans s'inquiéter si sa caisse était en baisse **ou en hausse**, menait joyeusement la vie. Sa femme, en noble châtelaine, était la reine de toutes les parties ; et il fallait la voir, la couronne de verveine au front, présider avec une majesté sereine et une grâce souveraine à la ruine de ses domaines.

L'avare regardait toutes ces joies d'un œil de tristesse et d'envie ; on ne lui avait jamais fait la politesse de l'inviter. Comment s'y prendre pour avoir sa part de cette richesse que l'on faisait disparaître avec tant de prestesse ? — Si j'invite moi-même le voisin, pensa-t-il, il faudra bien qu'il me rende mon dîner ; il n'y a que le premier pas qui coûte. De l'audace, et tout ira bien.

« Voisin, lui dit-il, je n'ai pas vos riches propriétés, il s'en faut ; je vis pauvrement dans ma maisonnette, et ne reçois personne ; mais si vous voulez me faire l'honneur d'accepter chez moi un dîner bien ordinaire, vous me rendrez bien fier et bien aise. Je ne vous promets pas grande chère ; mais j'ai de bonnes fraises de mon jardin, deux gros poissons qu'on a pêchés ce matin à la mer, treize bouteilles de madère, seize de champagne, et une vingtaine de bordeaux dont on m'a fait présent ; il me pèse de dépenser cela tout seul. Je n'ai pas une belle salle à manger comme vous, mais nous dînerons sous les mélèzes, sur la terrasse au-dessus des falaises. C'est là, comme vous le savez, la plus belle vue de la contrée, surtout quand la mer est mauvaise. Il n'y a pas de maîtresse de maison pour faire les honneurs, mais j'inviterai ma nièce qui est une espèce de savante, et, si vous y mettez de l'indulgence, peut-être ne serez-vous pas trop mécontent. »

L'invitation fut acceptée de bonne grâce et le dîner fixé au lendemain.

L'avare revint chez lui en se frottant les mains. « Je le tiens, dit-il, je serai invité. Maintenant tâchons de nous tirer de là au meilleur marché possible. » Et le voilà qui se tracasse pour trouver les moyens de faire un beau dîner sans rien dépenser. Il va lui-même chez les fournisseurs, ramasse diverses marchandises à vil prix, qu'il entasse et rapporte dans son panier : du bœuf coriace. du veau mollasse ; puis le voilà qui, de compagnie avec sa nièce, cuisine et fricasse toute la journée, dégraisse de vieilles carcasses pour en tirer de la graisse, qu'il emploie au lieu de beurre, et gâte son excellent poisson par une mauvaise sauce grasse ; il parvient cependant à donner une apparence à demi confortable à sa cuisine infernale. Le voisin vient comme il en avait fait la promesse ; mais en présence de cette abominable chère, il fait la grimace, mange peu, et retourne dîner chez lui.

Et l'invitation ? Elle fut faite et acceptée ; mais au lieu d'être reçu un jour de fête comme il s'y attendait, l'avare dîna en tête à tête avec son voisin. La châtelaine ne parut pas, et aussitôt après le dîner, son hôte prétexta une affaire afin de le renvoyer plus tôt, et on ne le réinvita plus. C'est ainsi qu'il fut puni de sa finasserie et de sa lésinerie. Il voulait attraper, il fut attrapé lui-même.

4.

Désinences en **ante, ente ; — aide, ède; — auche, oche ; aude, ode; — aume, ôme ; — ausc, osc; — aure, ore; — aucc, ausse, otse; — ice, isse ; — isc, yse; — ouce, ousse ; — ouse, ouze; — uce, usse.**

Voici les mots du récit (*les Enfants*, etc., xii), qui contiennent l'application des règles.

Féroce (334) ; justice (335) ; douce (337) ; pente, présente (330); encore (333) ; difficile (307).

Exercice écrit. Corrigez le récit suivant.

LES TROIS VOYAGEURS ET LE CHAMEAU.

I. Trois frères partis de Samarkande le matin, au moment où l'aurore dorait à peine la cime des arbres, suivaient à pied une grande route bordée de fougères et de bruyères. Ils ne semblaient point se piquer de vitesse ; au contraire ils causaient gaiement de choses et d'autres : marchant en curieux à qui rien n'échappe et que tout intéresse, même ce qui semble le plus ordinaire : la fleur fugace qui embellit la prairie, la rose qui se hausse au bord du sentier, la trace des pas des voyageurs précédents.

Ils n'avaient pas encore fait leur première étape, lorsqu'ils voient accourir un chamelier qui se désespère. Il s'approche de la petite bande, et demande avec politesse, si l'on n'a pas vu passer un chameau chargé de marchandises, qui s'est égaré. « Il est borgne? demanda le premier. — Justement. De grâce puisque vous l'avez vu, aidez-moi à le retrouver. — Venez avec nous; j'espère qu'il ne vous échappera pas. » Le chamelier fit route avec eux. « Est-ce qu'il ne lui manque pas une dent? » fit le second frère un moment après. « Vous avez tout observé avec justesse, dit l'homme au chameau : ne me laissez pas plus longtemps dans l'attente, je vous en supplie; dites-moi où est ma bête. — Je parierais qu'il est boiteux, dit le troisième sans répondre à la question. — Il l'est en effet, dit l'étranger; mais, par votre âme, ne plaisantez pas davantage; dites-moi ce qu'est devenu mon chameau. — Il porte, dit le premier, une charge de blé sous laquelle il s'affaisse. — Il porte une pièce d'huile d'un côté, dit le second. — Et du miel de l'autre, ajoute le troisième. — Aussi vrai que le soleil nous éclaire, dit le chamelier, vous avez vu mon chameau. — Nous ne l'avons pas vu, dirent les trois frères. — Voilà assez longtemps qu'on me tracasse, dit le marchand avec rudesse. Nous voici en face de la ville; dites-moi où est mon chameau, ou par les flammes du ciel de Mahomet, je vous accuse de l'avoir volé. — Nous n'avons point vu votre chameau, répétèrent-ils; nous ne savions pas même qu'il en eût passé un ici avec une charge de cette espèce, avant l'heure où vous nous avez interrogés. — C'est moi qui vous ai appris comme il est, n'est-ce pas? En vérité, je suis las de vos railleries et de vos épigrammes. Vous en rendrez raison à la justice. » Il dénonça en effet l'affaire au cadi. Celui-ci fit venir les voyageurs, et, après les avoir fait frapper de verges, il leur adressa une réprimande sévère; puis voyant qu'ils persistaient à ne rien avouer, il les envoya en prison.

Récapitulation sur les difficultés que présentent les désinences déjà étudiées.

LES TROIS VOYAGEURS ET LE CHAMEAU.

II. A quelques jours de là, des gens qui allaient à la maraude rencontrèrent le chameau sur une route très-incommode, à gauche de celle où on l'avait cherché. L'accusation se trouvait donc fausse, et il ne pouvait plus rester de doute sur l'innocence des trois hommes. On les remit en liberté en leur demandant pardon des coups de bâton qu'on avait osé leur donner, et du préjudice qu'on leur avait causé. L'affaire avait fait grand bruit dans le royaume et les avait mis à la mode. Le vizir voulut les voir, et connaître s'il y avait eu chez eux fraude ou méthode. « Il m'en coûte de vous accuser, leur dit-il ; mais comment avez-vous pu décrire le chameau, indiquer sa grosse somme, sa démarche fausse et ses autres défauts, si vous ne l'avez pas vu en effet? — Rien de plus simple, dit l'aîné. Ne croyez pas que nous ayons agi par malice ou sous l'influence d'un caprice ; nous avons dit tout ce que nous savions, et nous eussions rendu service au chamelier à l'approche de la ville, s'il ne nous eût tourmentés de sa sotte accusation.—Mais comment avez-vous découvert vos indices? —Quand un cheval galope ou trotte, on le reconnaît aux traces qu'il laisse sur sa route. Or celui-ci ne galopait ni ne trottait ; il marchait à pas lents et mesurés, ses pieds de derrière rapprochés de ceux de devant. Nous en avons naturellement conclu qu'il était très-chargé, de blé probablement. Les touffes de fraisiers et de mélisses étaient broutées du côté gauche de son chemin seulement ; la verdure qui tapisse le bord de la chaussée était intacte du côté opposé : nous avons conclu qu'il ne voyait pas de l'œil droit. L'herbe qu'il avait mordillée était mal tondue, il avait donc une brèche dans les dents. Un de ses pieds traînait un peu : c'était un symptôme qu'il boitait. Enfin il y avait des groupes de fourmis d'un côté de la voie, et des groupes de mouches de l'autre. Les fourmis sont friandes d'huile, les mouches sont friandes de miel ; donc il était chargé de ces deux choses. C'est l'analyse de ces petites circonstances, qui nous a permis de décrire l'animal sur lequel on nous interrogeait. — Vous êtes vraiment les types de l'observation sagace et patiente, dit le grand vizir. Comme ces qualités sont rares et précieuses dans un État, vous ne retournerez pas à vos échoppes ; je veux vous investir de fonctions importantes. »

Le vizir tint sa promesse. Plus tard l'aîné des trois frères devint vizir à son tour, et ne mérita pas moins de reproches qu'un autre.

<h1 style="text-align:center">II</h1>

DÉSINENCES MIXTES.

1.

DÉSINENCES FÉMININES EN ance ET EN ence.
DÉSINENCES MASCULINES EN ant ET ent.

On fera apprendre par cœur les deux séries des *Conseils de la grand'mère*, qui contiennent tous les mots exceptionnels.

EXERCICE. Quels sont les mots qui ont fourni les noms écrits en *ence*, par exception, dans les vers suivants :

LES CONSEILS DE LA GRAND'MÈRE.

1.

Écoute ceux dont l'existence
D'études s'est fait un trésor ;
Que leurs discours soient la semence
Qui germe en ton cœur jeune encor.

On pardonne à la violence
D'un cœur loyal et sans détour ;
On hait une sourde influence :
La ruse ravale toujours.

Ne crois pas à ton excellence
Pour porter un superbe habit ;
Grande est souvent la divergence
Entre la richesse et l'esprit.

Garde-toi de la négligence
Qui perd les causes sans espoir;
Sois toujours plein de révérence
Pour tous les martyrs du devoir.

Si tu vois très-grande affluence,
Tiens-toi prudemment à l'écart;
L'intrigue a là sa résidence,
Le mérite habite autre part.

Ne te permets jamais l'offense
Qui te choquerait chez autrui;
Donne au prochain l'équivalence
De ce que tu cherches en lui,

Ou si t'appliquant cette loi
Tu veux faire une différence,
Garde pour autrui l'indulgence
Et la sévérité pour toi.

Existence, semence et *révérence* ne se rattachent à aucun mot français écrit par un *e*. Leur orthographe procède du latin.

Violence vient de *violent*, emporté, et non du v. *violer; influence* vient d'*influent*, qui a du crédit, et non du verbe *influer; excellence* vient d'*excellent*, parfait dans son genre, et non pas du verbe *exceller; divergence* vient de l'adjectif *divergent*, et non du verbe *diverger; négligence* vient de *négligent*, qui a l'habitude de *négliger*, et non du verbe lui-même; *affluence* vient d'*affluent*, et non du verbe *affluer; résidence* vient également de *résident*, qui a pour habitude, pour fonction de *résider*, et non du verbe; *équivalence* vient du nom *équivalent*, et non du verbe *équivaloir; différence* vient de l'adjectif *différent*, et non du verbe *différer*, qui signifie souvent : remettre. — *Indulgence* n'est pas une exception à la règle, puisque ce mot ne vient pas d'un participe présent non plus qu'*offense*. Voir au n° 340.

Exercice. Transcrire correctement les vers qui suivent :

LES CONSEILS DE LA GRAND'MÈRE.

2.

Ne sois pas glorieux
Aux jours de ta puissance;
Dans les temps malheureux,
Arme-toi de constance :

Crains cette nonchalance
Qui nous rend engourdis;

Crains cette pétulance
Qui nous rend étourdis.

Tu veux être écouté?
Raconte avec aisance;
Mais garde, par jactance,
D'outrer la vérité.

Songe bien qu'en tout rang,
En toute circonstance,
On hait le ton tranchant
Et les airs d'arrogance.

Aime tendrement ceux
Qui soignent ton enfance;
Paie à tout malheureux
Promptement sa créance.

Sans pourtant lésiner,
Ménage tes finances;
Observe les nuances
Du bel art de donner.

Ne sois pas trop en transe
Si l'on veut te piller;
Cependant du panier
Surveille toujours l'anse.

Le cerveau du gourmand
Contient peu de substance :
Honte à celui qui prend
Pour son maître sa panse;

Et surtout songe bien,
Lorsque tu fais bombance,
Combien d'autres n'ont rien,
Qu'une faible pitance.

Abstiens-toi des jeux où
Trop vite l'argent danse;
Et songe qu'il est fou
De compter sur la chance;

Il vaut mieux en bêchant
Cultiver la garance,
Que gagner en trichant
Une riche intendance;

Le mérite entre nous
Marque seul la distance;

Dieu nous pèsera tous
Dans la même balance.

N'imite pas ces preux
A cheval sur leur lance,
Qu'on fuit comme lépreux
Pour leur outrecuidance

Attaque en généreux,
Sans vanter ta vaillance;
Il est toujours honteux
D'user de manigance.

Tu te vois rebuté?
Ne fais pas d'autre instance;
Abstiens-toi par fierté
De toute doléance.

Ne te crois pas auteur
Pour avoir fait deux stances,
Ni grand compositeur
Pour trois airs de romances.

Si par inadvertance
Il t'arrive un malheur,
Répare ton erreur
En l'avouant d'avance.

Si quelqu'un porte au dos
Une protubérance,
Abstiens-toi de bons mots
Sur sa triste prestance.

Garde d'être affecté
En cherchant l'élégance,
Mais pour la propreté
Sois plein de vigilance.

Es-tu jeune? es-tu beau?
Des flatteurs crains l'engeance;
Souviens-toi du corbeau
Et du fromage rance.

2.

VERBES ET NOMS. — **aindre, eindre; — andre, endre; — ayer, eyer; — ir, ire, yre; — oir, oire.**

Voici les mots du récit (*les Enfants,* etc., XIII), auxquels les règles s'appliquent :
Partir (344); attendre (342); noirs, voir (345); dire (344); craindre (341).

EXERCICE. Assurez-vous si tous les mots sont convenablement écrits dans les morceaux suivants.

CALIFE ET PÈRE.

1. Un Arabe vient un jour se plaindre à l'un des califes de Bagdad. « Deux individus, lui dit-il, ont osé enfreindre les lois protectrices de chacun, et s'étant introduits dans ma maison, ils ont voulu contraindre tout le monde à leur obéir. La parole ne saurait dépeindre toutes les violences qu'ils ont exercées. — Quels qu'ils soient, dit le calife, la justice saura les atteindre. Menez-moi dans votre maison. »

Quand il est arrivé, le calife fait éteindre toutes les lumières; puis il ordonne de saisir les deux jeunes gens, de leur voiler le visage et de les mettre à mort. On rallume ensuite les bougies; il regarde les visages, puis tombant à genoux : « Sois béni, ô mon Dieu! » s'écrie-t-il. Comme on lui demande la raison de sa conduite : « Il est inutile de feindre, dit-il; j'ai craint que ceux qui avaient ainsi enfreint les lois, ne fussent mes fils, et je rends grâces à Dieu d'avoir pu atteindre les coupables sans cesser d'être père. »

2. Pyrrhus, roi d'Épire, qui songeait à se frayer un chemin jusqu'à Rome, commença par effrayer les soldats romains à l'aide de ses éléphants; mais ce fut en vain qu'il essaya tour à tour de séduire ou d'intimider Fabricius, soit en lui offrant de l'argent, soit en faisant apparaître subitement devant lui des éléphants, qu'on avait cachés derrière une cloison planchéiée.

3. Il est peu probable qu'avec votre myrrhe et vos autres parfums du pays de Cachemire, vous parveniez à guérir le squirrhe qui inquiète ce pauvre sire.

4.   LA DERNIÈRE FÊTE DU CIRQUE.

Le peuple romain avait pour les jeux du cirque une passion que rien ne pouvait assouvir. La comédie n'avait pu soutenir la concurrence ; elle n'existait déjà plus sous l'empire. La foule ne condescendait à rire, que lorsqu'elle entendait les lions rugir et qu'elle pouvait voir le sang des gladiateurs ou des martyrs rougir l'arène. Les empereurs mettaient leur gloire à célébrer avec magnificence ces jeux qui les honoraient plus qu'une victoire ; ceux qui ne pouvaient suffire aux dépenses de ces jeux étaient condamnés à périr. Les chrétiens maudissaient ces amusements que la barbarie seule avait pu introduire et entretenir ; mais ils avaient beau les maudire, la foule s'y portait toujours. Un moine de l'Orient, Télémaque, résolut de s'offrir en sacrifice pour contraindre les empereurs à les abolir.

Il arrive à Rome ; les dangers n'ont pu suspendre ni ralentir sa résolution. La foule s'est hâtée de remplir le cirque. On entend rugir et bondir les animaux féroces dans leurs cages. Tous les fronts rayonnent d'espoir.... Télémaque à ce moment s'élance dans l'arène. Une grande agitation se répand dans l'assemblée. Chacun attend ce qui va advenir. Les uns croient qu'on veut les surprendre par un spectacle nouveau ; et ils tentent d'applaudir. Télémaque peint par ses signes qu'il demande la parole. Le tumulte augmente. « Écoutez-moi ! — Non ! — Si ! — Commencez ! — Romains, s'écrie-t-il, je ne viens point pour varier vos plaisirs, mais pour vous en faire rougir. » A ces mots il s'élève un cri dérisoire : « C'est toujours la même histoire ; aux bêtes le chrétien ! » Télémaque reprend son discours sans s'émouvoir de ce tumulte. Il dépeint l'horreur de ces spectacles où l'on craint parfois le triomphe de l'homme, où l'on applaudit l'animal qui remporte sur lui une facile victoire ; il plaint son auditoire dont le cœur est assez corrompu pour chercher un plaisir barbare dans ces luttes sanglantes. Les cris : « Aux bêtes ! aux bêtes ! »

dominent sa voix. « Eh bien ! s'écrie-t-il, puisque je ne puis me faire comprendre, puisque je ne puis émouvoir vos cœurs : peut-être ma mort sera-t-elle plus éloquente que mes paroles....» Il s'agenouille et fait signe d'ouvrir aux animaux avides de boire son sang. Le tumulte est impossible à peindre. Les lions, les tigres paraissent : ils s'arrêtent un moment étonnés de voir le martyr les attendre sans s'émouvoir ; mais les applaudissements de la foule les rassurent. Ils se jettent sur lui et le mettent en pièces.

Le martyre de saint Télémaque fut le dernier de ces spectacles sanglants ; et lorsque, peu de temps après, Constantin fit un édit pour les abolir, personne n'osa se plaindre de voir disparaître cet amusement qui avait passionné tant de générations corrompues.

III

DÉSINENCES MASCULINES.

1.

DÉSINENCES DIVERSES EN ar, arc, ard, ars, art ; — é fermé, **er ; — er** ouvert, **ère, erc, erf, ers, ert ; — et, ait ; — eau, au, aud, aut, o, os, ot ; — eur, œur, eure.**

Voici les mots du récit (*les Enfants*, etc., XIV) auxquels les règles s'appliquent :

Aussitôt, bientôt (350) ; brancard (346) ; concert (348) ; bienfait (349).

EXERCICE ÉCRIT. I. Trouvez des mots qui expliquent l'orthographe de : Carreau, etc.

Carreler, bandelette, batelier, bercer, boisselier, cave, cervelle, chamelier, corde, ciseler, marteler, tonnelier, ratelier, cahoter, flotter, motif, grelotter, sauter, crapaudine, échafaudage, chaude, abricotier, nigauder, artiste, partie, inquiète, secrète, poulette, plumetis.

II. Corriger les morceaux suivants.

1. Désinences : *ar, arc, ars, art, are, arrhe, arre.*

C'est après la saison des brouillards que l'on voit les têtards s'agiter dans les mares au milieu des nénuphars, cherchant la nourriture que le hasard leur fournit ; plus tard, ils perdront cette queue qui leur sert d'aviron, et se changeront en grenouilles ; à moins qu'auparavant ils ne deviennent la proie des canards.

Elle était sur son char ; ses cheveux semblaient épars, mais ils n'en étaient pas moins disposés avec art ; son visage était rouge et blanc de fard ; elle tenait en main sa guitare, mais son catarrhe ne lui permettait plus de s'accompagner. Elle franchit le rempart sous une voûte soutenue par des arcs-boutants où les voitures faisaient un grand tintamarre. On entendait des fanfares et l'on pouvait craindre une bagarre. Celui qui accompagnait la dame n'en fumait pas moins tranquillement son cigare.

2. Désinences : é et er.

C'est sur la place du marché de Rouen et à une certaine distance de l'archevêché, que Jeanne d'Arc monta sur le bûcher, conduite par les archers anglais. Du haut des clochers, les cloches sonnaient le glas funèbre, et pendant que le bourreau confessait qu'il commettait un péché, en la brûlant, le cœur de ses juges restait endurci comme un rocher.

« D'où viens-tu, étranger ? — Du pays de l'oranger. — Tu parais âgé et fatigué. Qui es-tu ? — Tu sembles bonne, jeune fille ; je te dirai mes malheurs en abrégé. Une révolution a éclaté dans ma patrie ; j'ai couru maint danger. Serai-je en sûreté dans ce pays bocager ? Peut-être un messager de mort viendra-t-il me réclamer jusqu'ici ! — Entre dans notre verger : mon père le berger, s'il ne peut autrement te protéger, saura du moins te cacher à tous les yeux. »

Des jeunes filles remplissent leurs paniers de fruits cueillis aux groseilliers, aux cerisiers, aux pruniers ; d'autres vont dépouiller les fraisiers sauvages qui croissent à l'ombre des coudriers, pendant que les lévriers parcourent les sentiers en courant, et que les chevriers mènent leurs chèvres au pâturage.

3. Désinences : *air, aire, er, ère, erre, erc, erd, ers* et *ert.*

Les vents se font la guerre, les éclairs déchirent les airs, le tonnerre gronde, la nature semble en colère, et l'orage forme un concert terrible; la mer soulève ses vagues, et prenant par le travers la barque du pauvre clerc, qui perd la tête, la renverse et la fait disparaître. C'est l'affaire d'un instant. Le rivage est désert, et nul ne peut lui offrir un aide salutaire. Sa mère le lui avait prédit, mais il n'avait pas voulu écouter sa mère.

4. Désinences : *ait, et, au, eau, ot, os.*

C'était un jardinet, bien propret, bien coquet. Les buissonnets étaient peuplés d'oiselets qui faisaient entendre les plus joyeux ramages. Les bosquets retentissaient des caquets de la corneille et de la pie. Un chalet s'élevait au bord d'un petit lac, et les prairies avec leurs veaux et leurs agneaux, les champs avec leurs guérets où les fils des moissonneurs en sarraux jouaient sur des pipeaux, les coteaux avec leurs sommets, formaient un horizon à souhait pour le plaisir des yeux. Enfin tout y était joli, jeunet, et tellement parfait, qu'au bout de trois jours d'oiseaux, de chalumeaux et de repos sous les ormeaux, on s'y ennuyait à mourir, que l'on soupirait après les grands bois rustiques, et que l'on considérait comme un bienfait d'être obligé d'en partir bientôt.

5. Désinences : *au, eau, aud, aut, o, ot, ôt, os.*

Qui n'a pas vu l'éléphant employé comme animal domestique, ne sait pas ce que vaut un tel serviteur. Cet animal, si grand, si haut, fait assaut de docilité avec le chien. Il place sa trompe de manière à ce que son cavalier s'en serve de marche-pied et s'élance d'un saut sur son dos. Cette trompe, à deux tuyaux, est pour lui une main merveilleuse; c'est avec elle qu'il fait de son dos le dépôt de tous les fardeaux qu'il veut emporter. Il est si fort qu'il porte la charge d'un chariot, il a l'air lourdaud avec les gros sabots de ses pieds, mais il n'en marche pas moins vite, et l'on va par monts et par vaux, sans cahots, et dans un plein repos, lorsqu'on est monté sur son large dos. S'il a trop chaud, il rompt une branche d'arbre avec sa trompe et en use pour s'éventer. Il n'est pas moins brave que fort, et à la guerre comme dans la chasse au tigre, il se conduit en véritable héros.

2.

DÉSINENCES EN **is, it**; — **mant, ment**; — ADVERBES DE MANIÈRE. — DÉSINENCES DIVERSES EN **or**; — EN **our**; — EN **ssion, tion**; — EN **us, ut.**

Voici les mots du récit (*les Enfants*, etc., xv) auxquels s'appliquent les règles :

Permission, action (357); but (348); tourments (353); logis (352).

EXERCICE. Corrigez les morceaux suivants.

1. Désinences en *i*, *is*, *it*.

Ce coin de taillis était tout simplement un fouillis de débris de toute espèce. Il y avait constamment un gazouillis d'oiseaux mêlé au bruit frétillant d'un petit ruisseau qu'on entendait sous les buissons. Un coin exposé au soleil avait été défriché dans le but d'en tirer des légumes et des fruits. Il y croissait des salsifis et surtout des radis dont l'aspect seul éveillait l'appétit. Tout cela semblait bien un peu confus, mais c'était un charme de plus. Le logis était un petit réduit entouré d'un treillis garni de vignes et de clématites. Enfin c'était quelque chose d'exigu, mais de confortable, un diamant perdu dans un pli des montagnes, et, pour un proscrit surtout, un véritable paradis.

2. Adverbes en *ment*.

Supportez gaiement la mauvaise fortune. On n'est vraiment homme que lorsqu'on sait souffrir patiemment. Le malheur est moins grand quand on le supporte résolûment.

Ne cherchez pas étourdiment le danger, mais si vous vous y trouvez jeté inopinément, affrontez-le vaillamment. Vous réussirez plus sûrement que si vous vous teniez prudemment à l'attendre. Le courage que vous montrerez en vous présentant hardiment, produira nécessairement son effet. Beaucoup de gens ne menacent audacieusement que lorsqu'ils supposent qu'on reculera timidement devant eux.

3. Désinences en *or, ore, ord, ords, ors, orps, ort, aure*.

Dès l'aurore, le cor a sonné dans les bois ; les oiseaux effarouchés ont pris leur essor, parce qu'ils ont prévu le sort qui les attend ; des chasseurs se sont embusqués au bord de la forêt, il ont tendu des filets aux abords des retraites présumées du gibier, afin que s'il s'élance au dehors, il rencontre la mort. Des cavaliers montés sur des chevaux maures se sont postés au nord, parce que là se porteront probablement les premiers efforts des animaux effrayés. Un loup offre tout d'abord son corps aux coups des chasseurs ; il avait fait grand tort aux bergers des environs, aussi est-il tué sans remords.

4. Désinences en *eur, cure, eurre, eurt, œur, eurs*.

« Pourquoi ces pleurs, mon petit cœur? D'où vient votre douleur? Regardez vos trois sœurs; voilà une demi-heure qu'elles battent le beurre dans votre demeure, en chantant en chœur la chanson du pêcheur. Pourquoi vous tenez-vous ailleurs toute pleurante? » — « Mon petit oiseau se meurt. »

5. Désinences en *our, ourd, oure, ourre, ourg, ours, ourt*.

« Il a volé tout le jour dans la cour, puis il est allé sur le four, d'où il a rapporté quelque chose de lourd. C'était de la bourre qu'il voulait mettre dans son nid, comme les oiseaux le font toujours. Mais un méchant chat venu du bourg, l'arrête court, et s'élance sur lui : l'oiseau montre de la bravoure et porte plusieurs coups de bec à son adversaire. J'accours, je fais fuir le chat sans tambour ni trompette ; seulement mon oiseau court le plus grand danger. Je l'ai couché dans ce nid de velours ; mais il ferme les yeux de temps en temps, et reste sourd à ma voix. »

6. Désinences en *sion*, *tion*.

RÉGULUS.

L'émotion est grande à Rome, lorsqu'on apprend que Régulus, chargé d'une mission par les Carthaginois, va faire son apparition au sénat; il avait porté la guerre chez la nation ennemie, et longtemps excité l'admiration des deux peuples, mais trahi par la victoire, il a dû faire sa soumission et c'est comme prisonnier qu'il a obtenu la permission ou plutôt qu'il a reçu l'ordre de retourner dans sa patrie. On l'entoure avec compassion et l'on écoute avec attention l'exposé de sa commission. « Je ne vous ferai pas, dit-il, la révélation des opérations de la campagne, ni des actions que nous avons faites jusqu'à ce jour où votre général, malgré sa résolution de ne pas se rendre, a dû céder aux nécessités de sa position. Les soldats, dans l'état de dispersion où ils étaient, se sont vus dans la pénible obligation de se soumettre : ils sont prisonniers. On m'a chargé de vous faire la proposition, non de payer leur rançon, mais de les échanger, tête pour tête, contre les prisonniers carthaginois qui sont en votre possession. »

Là dessus, grande confusion dans l'assemblée : « Dites votre avis, » lui crie-t-on de toutes parts. « Ma mission, reprend Régulus, est la conclusion de l'échange. Si je ne l'obtiens pas, je dois m'attendre à une punition, et malgré cela, je vous dis, sans hésitation, que vous ne devez pas accorder votre approbation à cette convention. Il faut que le soldat romain ait la ferme conviction qu'il doit vaincre à tout prix. La rédemption des captifs serait un encouragement à la reddition. Honorons ceux qui meurent avec résolution, mais pas de pitié pour ceux qui songent à leur conservation. »

L'avis de Régulus est adopté par acclámation. Il retourna à Carthage, où les ennemis, dit-on, le firent périr dans les tourments, en expiation de la décision qu'il avait inspirée à ceux de sa nation.

7. Désinences en *ut*, *us*, *ue*.

Dès le début, il se proposa un but, et il ne s'en détourna plus. Les refus ne l'arrêtèrent pas ; les rebuts glissèrent sur lui : il savait que le salut était au bout. C'est ainsi qu'à un système confus, à un enseignement diffus, il a substitué la clarté et la précision. On lui doit donc un tribut de reconnaissance, et il a droit à une statue, ne fût-ce que pour la persévérance infatigable avec laquelle il a combattu les abus.

Récapitulation sur toutes les règles vues précédemment.

LA VALLÉE DE TEMPÉ [1].

Les montagnes sont couvertes de peupliers, de platanes, de frênes d'une beauté surprenante. De leur pied jaillissent des sources d'une eau pure comme le cristal ; et des intervalles qui séparent leurs sommets, s'échappe un air frais que l'on respire avec une volupté secrète. Le fleuve présente partout un canal tranquille ; et, dans certains endroits, il embrasse de petites îles dont il éternise la verdure. Des grottes percées dans les flancs des montagnes, des pièces de gazon placées aux deux côtés du fleuve, semblent être l'asile du repos. Les lauriers et différentes sortes d'arbrisseaux forment d'eux-mêmes des berceaux et des bosquets, et font un beau contraste avec des bouquets de bois placés au pied de l'Olympe. Les rochers sont tapissés d'une espèce de lierre, et les arbres, ornés de plantes qui serpentent autour de leur tronc, s'entrelacent dans leurs branches et tombent en festons et en guirlandes. Enfin tout présente en ces beaux lieux la décoration la plus riante. Au tableau que je viens d'ébaucher de cette charmante vallée, il faut ajouter que dans le printemps elle est tout émaillée de fleurs, et qu'un nombre infini d'oiseaux y font entendre des chants que la solitude et la saison semblent rendre plus mélodieux et plus tendres.　　　　　　　　　　BARTHÉLEMY (1716-1795).

1. Lieu célèbre de la Grèce, au nord de la Thessalie.

3.

SONS FINALS EN **a, é, è, i.**

EXERCICE. Compléter les mots inachevés.

1. Désinences en a, ac, ach, acs, ap, as et at.

Le temps est beau en dépit de l'almanach. Voyez là-bas cette femme qui étend ses draps pour les faire sécher sur les séringats. Un chat, caché dans un carré de tabac, guette les fauvettes qui chantent et voltigent dans les lilas et sur l'acacia en fleurs. Il médite le trépas des pauvres oiseaux, et chargerait de bon cœur son estomac du résultat de ce meurtre. Je crains fort pour une de ces pauvrettes qui traîne encore les restes du lacs auquel elle a échappé; ce bout de fil n'est pas pour elle un petit embarras.

2. Désinences en é fermé :
é, éc, er, ed, ef, ep, ers, ey, ez, ai, éent.

C'est le mois de mai, les papillons ont trouvé la clé des champs; les poneys courent en liberté; les oiseaux se récréent dans les branches; les geais, parmi les ceps de vigne; les pinsons préfèrent les pommiers, où ils trouvent assez de mousse pour faire leurs nids. Les hirondelles retournent plus volontiers à celui qu'elles ont maçonné l'année passée, mais elles sont souvent forcées d'en chasser les moineaux qui leur disputent le terrain pied à pied.

3. Désinences en è ouvert :
ès, es, est, et, êt, ecs, egs, ets, ai, aid, aie, ais, ait, ait, aix.

Le merle toujours inquiet fait entendre son sifflet dans les arbres; le chevreuil apparaît dans les sentiers de la forêt; le râle crie dans les genêts où la petite fille va couper ses balais; la grenouille chante dans le marais sur le bord de la rivière; le pêcheur met ses rets à sécher sur quelques arbres morts. Ces arbres si laids sont un legs que le froid de l'hiver nous a fait. Tout respire le calme et la paix. Voulez-vous jouer aux échecs à l'ombre de cette haie, puisque nous n'avons pas accès dans le jardin?

4. Désinences en *i* :
i, ie, is, it, ic, id, il, ils, it, its, ix, iz, ye, ys.

La brebis ronge de ses dents le tapis de verdure; l'insecte sort de l'étui qui le renfermait et va se poser au bord du puits sous forme de papillon. Les pluies ont décidément cessé. La nature a pris ses habits d'été; les petits oiseaux font leurs nids dans les arbres, les perdrix le font à terre. Les ouvriers travaillent avec des crics et d'autres outils dans la cour de la vieille abbaye, qui fut jadis la gloire du pays, mais qui n'est plus depuis longtemps qu'une misérable ruine, sans vie et sans beauté.

4.

SONS FINALS EN **o, u, eu, ou, oi**.

EXERCICE. Complétez les mots inachevés dans les morceaux suivants.

1. Désinences en *o* :
o, os, ot, ôt, op, au, eau, aud, aut, aux, aulx.

« Les cahots de la voiture m'ont trop fatiguée; j'aime mieux errer à pied dans ce chaos de rochers inégaux, roulés dans toutes les directions, et épars sur le sol comme s'ils formaient un dépôt de matériaux destinés à des travaux de maçonnerie. Des artichauts ont poussé au bord d'un ruisseau; des crapauds se glissent entre les tuyaux des roseaux. L'herbe a crû épaisse et vigoureuse dans ce terrain, mais la faulx n'en peut rien couper. Il y a ici un merveilleux écho. »

2. Désinences en *u* :
u, ue, us, ut, ût, ux.

La mer au moment du reflux monte jusqu'au fût de ces colonnes; il faut veiller au salut de ces statues qui ont coûté tant d'écus et qui au surplus sont de remarquables œuvres d'art.

3. Désinences en *eu* :
eu, eux, eue, œu, œud, eus, eur.

« Ce monsieur a fait vingt lieues à pied dans ces montagnes bleues que l'on aperçoit à l'horizon brumeux, par ce chemin creux qui se replie sur lui-même comme une queue de serpent ; laissez-là vos jeux ; laissez-là les nœuds que vous fabriquez : son temps est précieux, offrez-lui l'hospitalité avec un pieux empressement, vous satisferez aux vœux de votre père. »

4. Désinences en *ou* :
ou, oue, oup, ouls, ous, out, oût, oux.

« Votre pouls bat bien fort ; d'où venez-vous, mon enfant ? Votre cou est en sueur, vos chaussures sont couvertes de boue dessus et dessous ; avez-vous reçu des coups ? avez-vous eu peur du loup ? pourquoi ce bâton de houx tout sanglant par le bout ; il n'est pas dans vos goûts de courir ainsi comme un fou. Parlez ; avez-vous eu peur ?

5, Désinences en *oi* :
oi, oie, ois, oid, oigt, oit, oît, oix.

— Non, ce n'est pas l'effroi qui m'agite ; c'est la joie d'avoir fait une bonne action. Là-bas, dans le bois, un petit garçon s'était endormi au pied de la croix. Un serpent, qui sans doute avait froid, s'était glissé et logé tout auprès de lui ; il était à l'étroit entre une grosse pierre et le petit garçon, et il ne s'en fallait pas d'un doigt qu'il ne le touchât : que l'enfant fît un mouvement, le serpent allait le mordre. Comme je suis assez adroit, d'un coup de mon bâton j'ai écrasé la tête du serpent ; j'ai réveillé l'enfant que j'ai remis dans sa voie, et je suis venu tout d'un trait vous raconter mon exploit. »

5.

Sons finals en **en, in, on, un.**

Exercice. Complétez les mots inachevés dans les morceaux suivants.

1. Désinences en *an* :
an, amp, anc, and, ang, ant, anz ; en, ent, emps, empt, end, eng ; aon.

Les bords normands de la Seine, entre Rouen et le Havre, sont des pays charmants ; d'un côté des prairies et des champs, de l'autre des collines boisées. On n'y trouve ni faisans, ni orang-outangs ; on n'y entend pas le ranz des vaches en tout temps; mais les chants des cultivateurs et paysans de la Normandie ont un certain air franc et de bonne humeur, qui leur ont fait prendre rang à Paris à côté des mélodies les plus gaies et les plus originales. Les forêts ne sont guère que des bois, où l'on ne trouve ni les paons de l'Asie, ni même les faons des cerfs ou des chevreuils; mais à chaque pas on aperçoit un horizon différent. Le pays est exempt des grands froids et des grandes chaleurs; en revanche il y pleut beaucoup, surtout à l'automne et au printemps. C'est au printemps aussi que l'on pêche le hareng sur les côtes, mais il y est moins abondant que dans les pays plus septentrionaux.

2. Désinences en *in* :
in, en, eint, eing, ain, aint, aim, ainc, ym, ingt.

Le roi de Perse Khosroès Nouschirvan était à la chasse. Ses chiens venaient d'abattre un daim; il avait faim : il ordonna qu'on le fît cuire. On avait du pain et du vin et vingt assaisonnements, du thym, du laurier, de la muscade; mais on n'avait point de sel. Il en envoya chercher au village voisin, en recommandant de ne rien prendre sans payer. « Quel mal, disait l'essaim des courtisans, si l'on ne payait pas quelques grains de sel? — Un roi, répondit le souverain, ne doit jamais se permettre rien d'injuste, à cause des conséquences que son exemple entraîne. Si un roi cueille un raisin dans le jardin d'un de ses sujets, les courtisans arracheront les vignes le lendemain. »

L'artiste qui a peint ici saint Paul, au moment où il vainc ses scrupules et se déclare chrétien, n'a pas mis son seing au bas de son tableau.

3. Désinences en *on* :
on, onc, ond, onds, ong, ons, ont, aon, om, omb, ompt.

Le soleil dore le gazon et les joncs qui bordent l'étang; tout le long circule un chemin, et tout au fond on aperçoit un pont sur la rivière et un mont au delà. Tout à coup un chien fait un bond et fond sur l'enfant. Le plomb qui sort du canon d'un fusil n'est pas plus prompt. Charles pousse un cri profond, et veut fuir à reculons; mais il s'embarrasse dans les joncs dont

ce fonds de terre est encombré. Il glisse ; un taon se pose sur
sa main et le pique cruellement. Le chien l'a atteint ; mais
loin de le mordre, il lui lèche le front et montre par ses bonds
sa joie de l'avoir retrouvé. L'enfant le reconnaît et l'appelle par
son nom.

4. Désinences en *un* :
eun, un, um, unt.

Le pauvre animal qui était à jeun, aspirait le parfum qui
s'élevait des cuisines ; il eût bien voulu aller y faire un em-
prunt ; mais il y avait là des témoins importuns qui l'auraient
bientôt réduit à l'état de défunt, s'il eût fait quelque tentative
pour s'y glisser ; il attendit un moment plus opportun.

REMARQUES DIVERSES.

EXERCICE. Complétez les mots inachevés dans les récits suivants.

1. UN ÉCHANGE.

L'empereur Rodolphe II inventa un jour un ingénieux moyen
pour faire justice d'un hypocrite. Un marchand étranger vint
l'entretenir humblement d'un vol dont il avait été victime.
Un hôte entre les mains duquel il avait déposé une somme importante, niait maintenant avoir rien reçu. Ce dépositaire était
célèbre dans la ville pour sa probité ; on ne pouvait lui imposer l'humiliation d'une perquisition judiciaire, qui d'ailleurs
serait peut-être infructueuse. L'empereur penchait donc pour
laisser tomber l'affaire. Un jour cependant que l'hôte se trouvait en sa présence, Rodolphe va à lui : « Vous avez là un joli
chapeau, lui dit-il ; faisons un échange, voulez-vous ? » Le personnage, très-flatté de cette attention, présente humblement
son chapeau à l'empereur. Celui-ci lui donne le sien, puis passant dans une chambre voisine, il appelle un bourgeois et lui
dit d'aller, de la part de l'hôte, en montrant le chapeau comme
preuve de sa mission, demander à l'hôtesse la bourse où se
trouvait le dépôt décrit par l'étranger. La femme se hâte de
remettre la bourse indiquée. L'empereur à qui on l'apporte,

mande le plaignant et le dépositaire. Celui-ci se confond de nouveau en protestations et soutient qu'il n'a rien reçu. « Hypocrite, lui dit Rodolphe, démentez donc ce témoignage ; voilà la bourse elle-même, et qui est de belle dimension. J'espère que la somme y est encore tout entière ? » Poussé dans ses derniers retranchements, l'hôte fut bien forcé de se reconnaître coupable.

2. LES DEUX AVEUGLES.

On permettait autrefois à certains mendiants aveugles de s'établir sur quelques-uns des ponts de Paris, empaquetés dans un manteau troué, avec un petit banc pour siége, un petit chien fantastique pour compagnon, une sébile de fer-blanc pour caisse et une clarinette enrouée pour gagne-pain. Il y avait deux aveugles, trois au plus sur chaque pont. C'était un poste fort envié ; on n'y arrivait pas d'emblée ; on n'obtenait une de ces places qu'après l'avoir humblement sollicitée pendant des années. On citait en effet des mendiants qui s'étaient enrichis, grâce à l'emplacement choisi par eux et au jeu plus ou moins endormant de leur instrument. Deux aveugles se relayaient d'ordinaire pour faire appel à l'humanité des passants, et les offrandes ne se faisaient pas attendre. Un jour l'un d'eux entend tomber une pièce blanche dans sa sébile. Il croit qu'on s'est trompé : « Monsieur, monsieur, crie-t-il, vous m'avez fait un don plus grand que vous ne pensez! » Mais le monsieur est une dame qui ne prend pas pour elle l'appel du mendiant. Un passant qui ne se croit pas observé, reçoit cet argent que lui tend l'aveugle. « C'est vrai, dit-il, je vous ai donné un franc pour un sou. Là-dessus il jette cinq centimes dans la sébile et veut empocher l'argent. « Halte-là, bandit ! crie un ouvrier en blouse en l'empêchant de s'éloigner, vous allez rendre à l'instant ces vingt sous, ou j'appelle ce sergent de ville. L'hypocrite balbutie avec embarras, rend humblement la pièce de monnaie et s'enfuit sans se retourner. « Qu'y a-t-il donc? demande l'aveugle. — Il y a que ce grand flandrin voulait vous enlever l'argent qu'une bonne dame vous a donné ; » et il lui explique ce qui vient de se passer. L'aveugle remercie l'ouvrier

avec transport, et le prie de lui rendre encore un service :
c'est de lui changer sa pièce d'un franc contre deux de cin-
quante centimes, et d'aller porter l'une de ces pièces à l'autre
aveugle du pont. « C'était un honnête journalier, dit-il ; il tra-
vaillait dans une buanderie lorsqu'il est devenu aveugle ; il a
femme et enfant ; il est juste qu'il ait sa part de ma bonne fortune. » L'ouvrier enchanté de ces bons sentiments, va où il est
envoyé, et un moment après on voyait le second aveugle s'a-
vancer, conduit par son chien, vers son charitable collègue et
l'embrasser avec effusion.

SUPPLÉMENT A L'ORTHOGRAPHE.

HOMONYMES.

Les homonymes sont des mots qui, ayant à peu près le
même son, diffèrent par le sens et quelquefois par l'orthographe.

Dans nos *Dictées sur les homonymes*, nous avons rapproché ces divers
mots dans une même phrase, de manière à offrir un texte suivi. La dictée
suivante n'est pas extraite de ce petit ouvrage.

Voici les mots qui figurent dans la dictée :

Air ; aire, nid d'un aigle ; *ère*, point de départ d'une époque ; *erre*,
du verbe *errer ; haire*, chemise de crin qu'on s'impose par péni-
tence ; pauvre *hère*, individu à plaindre.

Champ de blé ; *chant*, du verbe *chanter ; auspice*, présage ; *hospice* ou hôpital ; *ancre* de marine et *encre* à écrire ; *antre*, caverne ;
entre, préposition ; *entre*, du verbe *entrer ; chêne*, arbre ; *chaîne*, qui
sert à enchaîner.

Au, article ; *eau* à boire ; *os* d'animaux ; *haut*, qui a de la hauteur ; *aulx*, pluriel d'*ail ; oh !* exclamation.

Haie, clôture d'arbrisseaux ; *hais*, du verbe *haïr : ait*, du verbe
avoir ; est, du verbe *être ; ais*, planche (sur laquelle on peut écrire).

Cent, nombre ; *sang*, liquide rouge du corps humain ; *sens*, les
cinq sens ; *sens*, signification ; *sans*, préposition ; *s'en, c'en*, pro-
noms.

A LA RECHERCHE D'UN TRÉSOR (fragment).

Dictée.

Pendant que le pauvre hère erre joyeusement dans la montagne, il ne sent plus sa haire. Ce jour fera ère dans ma vie,

pense-t-il. En levant les yeux en l'air, il aperçoit un aigle qui regagne son aire. Les champs voisins retentissent de chants.

« Je commence sous d'heureux auspices, dit-il, je ne mourrai pas à l'hospice. »

Il voit en ce moment au bout du sentier de l'eau qui tombe du haut d'un rocher dans un terrain semé d'os, où il croît beaucoup d'aulx.

« Oh! oh! dit-il en faisant un bond de joie, j'ai pris le bon chemin.

« Voilà l'ancre tracée à l'encre sur une pierre, plus loin l'antre entre deux rochers où il faut que j'entre, et puis les chênes qui semblent former la chaîne.

« Il faut en compter cent, sans se tromper; le dernier est taché de sang. Le sens de tous ces signes ne tombe pas sous les sens, tant s'en faut; mais n'importe, ils me dirigent vers le trésor, et c'est assez pour moi.

« Bon! voilà la haie où si ce que j'ai lu sur l'ais est vrai, l'homme que je hais a enfoui son argent. »

Et quoiqu'il ait fait beaucoup de chemin, le voyageur prend sa houe, et malgré une chaleur d'août, il creuse au pied d'un houx un trou à l'endroit où il suppose que le trésor est caché.

APPENDICE A L'ORTHOGRAPHE.

PONCTUATION.

RÉPONSE AUX QUESTIONS.

On fait un alinéa quand on commence une nouvelle ligne, sans achever la précédente.

La réponse précise aux autres questions se trouve dans le *Résumé*, *127 et suiv.

EXERCICE. Ponctuez le morceau suivant.

TRAVAUX DES CASTORS.

Ils se réunissent deux ou trois cents au bord des eaux. Si ce ce sont des eaux plates, et qui se soutiennent à la même hauteur comme dans un lac, ils se dispensent d'y construire une digue : mais dans les eaux courantes, et qui sont sujettes à hausser ou baisser, comme sur les ruisseaux, les rivières, ils établissent une chaussée qui soutient l'eau toujours à la même hauteur. L'endroit où ils établissent leur digue est ordinairement peu profond : s'il se trouve sur le bord un gros arbre qui puisse tomber dans l'eau, ils commencent par l'abattre, pour en faire la pièce principale de leur construction. Cet arbre est souvent plus gros que le corps d'un homme ; ils le scient, ils le rongent au pied ; et, sans autre instrument que leurs quatre dents incisives, ils le coupent en assez peu de temps, et le font tomber du côté qu'il leur plaît, c'est-à-dire en travers sur la rivière ; ensuite ils coupent les branches de la cime de cet arbre tombé, pour le mettre de niveau et le faire porter partout également. D'autres parcourent en même temps les bords de la rivière, et coupent de moindres arbres, les uns gros comme la jambe, les autres comme la cuisse ; ils les dépècent et les scient à une certaine hauteur pour en faire des pieux ; ils amènent ces pièces de bois jusqu'au lieu de leur construction ; ils en font une espèce de pilotis serré, qu'ils enfoncent encore en entrelaçant des branches entre les pieux. A mesure que les uns plantent ainsi leurs pieux, les autres vont chercher de la terre qu'ils gâchent avec leurs pieds et battent avec leur queue ; ils la portent dans leur gueule et avec les pieds de devant ; et ils en transportent une si grande quantité, qu'ils en remplissent tous les intervalles de leur pilotis.

C'est dans l'eau et près de leurs habitations qu'ils établissent leurs magasins ; chaque cabane a le sien proportionné au nombre de ses habitants, qui tous y ont un droit commun, et ne vont jamais piller leurs voisins. On a vu des bourgades composées de vingt ou de vingt-cinq cabanes, dont les plus petites contiennent deux, quatre, six, et les plus grandes, dix-huit, vingt, et même, dit-on, jusqu'à trente castors. Mais quelque nombreuse que soit cette société, la paix s'y maintient sans altération, le travail commun a resserré leur union ; les commodités qu'ils se sont procurées, l'abondance des vivres qu'ils amassent et consomment ensemble, servent à l'entretenir ; des appétits modérés, des goûts simples, de l'aversion pour la chair et le sang, leur ôtent jusqu'à l'idée de rapine et de guerre ; ils jouissent de tous les biens que l'homme ne sait que désirer. Amis entre eux, s'ils ont quelques ennemis au dehors, ils savent les éviter ; ils s'avertissent en frappant avec leur queue sur l'eau un coup qui retentit au loin dans toutes les voûtes des habitations ; chacun prend son parti, ou de plonger dans le lac, ou de se recéler dans leurs murs, qui ne craignent que le feu du ciel ou le fer de l'homme, et qu'aucun animal n'ose entreprendre d'ouvrir ou renverser. Ces asiles sont non-seulement très-sûrs, mais encore très-propres et très-commodes : le plancher est jonché de verdure ; des rameaux de buis et de sapin leur servent de tapis sur lequel ils ne souffrent jamais aucune ordure. La fenêtre qui regarde sur l'eau leur sert de balcon pour se tenir au frais et prendre le bain pendant la plus grande partie du jour.   BUFFON.

SECTION III.

PRONONCIATION.

1

RÉPONSES A QUELQUES QUESTIONS.

L'accent tonique est l'appui de la voix sur une syllabe; en français il est toujours sur la dernière si celle-ci n'est pas muette, et sur l'avant-dernière si la dernière est muette.

Les monosyllabes qui contiennent un *e* muet n'ont pas ordinairement d'accent tonique.

Ils peuvent recevoir cet accent lorsqu'on appelle particulièrement l'attention sur eux. Alors l'*e* muet prend le son de l'*eu* faible.

L'*e* de *recevoir* se transforme en *oi* dans ils *reçoivent*, parce que l'accent tonique change de place, et passe de la dernière syllabe *oir* à l'avant-dernière, qui était muette précédemment. Pour la rendre sonore on remplace l'*e* muet par *oi*, qui figurait à l'infinitif.

Le mot *à*, préposition, porte un accent grave; quand il est verbe il n'a pas cet accent. Or, *à*, préposition, ne peut jamais recevoir l'accent tonique. Donc, quand ce mot a l'accent (grave) il n'a pas l'accent (tonique), tandis que le verbe *a*, qui n'a jamais l'accent (grave), peut recevoir l'accent (tonique).

EXERCICE. Indiquez dans la fable suivante les syllabes sur lesquelles porte l'accent tonique, celles sur lesquelles il est faible, et celles sur lesquelles il est nul.

On mettra un *a* sur les premières, un *f* sur les secondes, un *n* sur les troisièmes.

L'ENFANT ET LE CHAT.

Tout en se promenant, un bambin déjeunait

De la galette qu'il tenait.

Attiré par l'odeur, un chat vient, le caresse,
    Fait le gros dos, tourne, et vers lui se dresse :
« Oh ! le joli minet ! » et le marmot charmé
Partage avec celui dont il se croit aimé.
Mais le flatteur à peine obtient ce qu'il désire,
    Qu'au loin il se retire.
« Ah ! ah ! ce n'est pas moi, dit l'enfant consterné,
    Que tu suivais ; c'était mon déjeuné. »   GUICHARD.

II

QUANTITÉ. — DIPHTHONGUES.

La « quantité » est la distinction des syllabes en longues ou brèves.

EXERCICE. Indiquez la *quantité* de toutes les syllabes contenues dans la *Prière* qui suit. Signalez les diphthongues ordinaires et les diphthongues mouillées, s'il y en a.

PRIÈRE D'UN ENFANT.

Nōtrĕ Pĕrĕ dēs ciĕux, pĕrĕ dĕ tōut lĕ mōndĕ,
Dĕ vŏs pĕtĭts ĕnfānts c'ēst vōus qŭi prĕnēz sŏĭn ;
Maīs ă tānt dĕ bōntēs vŏus vŏulēz qu'ŏn rĕpōndĕ,
Ĕt qu'ŏn dĕmānde ăussĭ, dāns ŭnĕ fŏĭ prŏfōndĕ,
    Lēs chōsĕs dōnt ŏn ă bĕsŏĭn.

Vŏus m'ăvĕz tŏut dŏnnĕ, lă vīe ĕt lă lŭmĭĕrĕ.
Lĕ blĕ quĭ faĭt lĕ paīn, lēs fleūrs qu'ŏn aīme ă vŏir,
Ĕt mōn pĕrĕ ĕt mă mĕre, ĕt mă fămĭlle ēntĭĕrĕ ;
Mŏĭ, jĕ n'ăĭ riĕn poūr vŏus, mŏn Diĕu, qŭe lă prĭĕre
    Quĕ jĕ vŏus dĭs mătĭn ĕt sŏir.

Nōtrĕ Pĕrē dēs ciĕux, bĕnĭssēz mă jĕunĕssĕ ;
Poūr mēs părēnts, poūr mŏi, jĕ vŏus prīe ă gĕnōūx ;
Ăfĭn qu'ĭls soĭēnt heūreūx dŏnnēz-mŏi lă săgĕssĕ ;
Ĕt puĭssĕnt leūrs ĕnfānts lēs cŏntēntĕr sāns cĕssĕ,
    Poūr ētrĕ aĭmēs d'eūx ĕt dĕ vŏus !
                   Mme TASTU.

Vous est bref quand il est sujet : voŭs voulez ; il est long quand il est complément ou attribut : je n'ai rien pour voūs, c'est voūs qui prenez soin. *On*, long ordinairement, devient bref devant une voyelle : ŏn dit ; ŏn aime.

Les diphthongues ordinaires sont dans les mots : *Cieux*, *soin*, *foi*, *besoin*, *lumière*, *entière*, *rien*, *soir*, *soient*, *moi*.

Il n'y a pas ici de diphthongue mouillée.

III

PRONONCIATION DES VOYELLES. CAS PARTICULIERS.

Exercice. Lire à haute voix l'historiette suivante.

Nous indiquons en note la prononciation des mots qui font difficulté.

UN DIALOGUE INTÉRESSANT.

La loquacité[1] de Mme*** était proverbiale ; elle babillait[2] comme un geai[3], s'enivrant[4] de sa parole, s'écoutant parler, n'écoutant jamais les autres. On lui amena un jour un voyageur qui, lui dit-on, parlait le plus éloquemment[5] du monde. Elle l'accable de questions sans attendre la réponse. « On m'assure que vous avez voyagé comme Cook[6], lui dit-elle, que vous avez passé deux fois l'équateur[7], que vous avez visité les Lucayes[8], et Curaçao, que vous avez vu fabriquer le rhum[9] à la Jamaïque, et que vous n'avez échappé qu'avec peine au poignard[10] des brigands ? Que de choses intéressantes vous avez vues ! Vous avez couru des steeple-chases[11] en Angleterre, chassé le faon[12] dans les forêts de la Lithuanie ; vous avez vu l'Aar[13], l'Elbe, la Vistule, et entendu hennir[14] les cavales des Cosaques ? Est-il vrai que vous ayez dîné avec Gœthe[15], et que vous ayez porté ensemble un toast[16] à Kant, le philosophe de Kœnigsberg[17] ? On m'a dit que vous avez encore un œillet[18] cueilli dans son jardin à Weimar[19]. Il n'est pas que vous n'ayez rapporté un album[20] de vos voyages ; vous me le ferez voir,

---

1. Lokouacité. — 2. Babi*ll*ait. — 3. Gé — 4. S'en-nivrant. — 5. Éloquament. — 6. Couke. — 7. L'ékouateur. — 8. Loucaï-es. — 9. Rome. — 10. Poagnard. — 11. Stiple tchèzes. — 12. Fan. — 13. Ar. — 14. Hanir. — 15. Gueuté. — 16. Tôste. — 17. Keúnigsberg. — 18. Euillet. — 19. Veïmar. — 20. Albome.

n'est-ce pas? Où étiez-vous il y a une année [1] à cette époque-ci, au mois d'août [2]? à Malmœ [3], je pense; vous vous rendiez à Gœfle [4] et de là à Stockholm. Vous avez vu aussi le grand tourbillon du Mal-Strœme [5]? Quel bonheur de voyager ainsi! En entendant vos récits cela me transporte et m'aiguillonne [6]. J'aurais voulu être votre groom [7] pour ne vous quitter jamais, et voir du pays avec vous! Mais hélas! je n'ai jamais franchi les limites de la France; je n'ai mangé d'anguilles [8] que celles de la Marne, et je n'ai visité d'autres villes que Caen [9], Rouen, Laon [10], Amiens [11] et Agen [12]; je n'ai guère vu d'autres rivières que la Saône [13], la Garonne et la Seine. Je n'ai pas voyagé tout à fait sans fruit cependant; j'ai fait quelques collections zoologiques [14] que j'aurai plaisir à vous soumettre quand je les aurai coordonnées [15]. Il n'y a pas là toutefois sujet de s'enorgueillir [16].... »

La dame continua à parler ainsi pendant une heure, tantôt avec solennité [17], tantôt avec volubilité; après quoi l'étranger se leva et prit congé d'elle. « Eh bien, lui demanda-t-on, que pensez-vous de ce voyageur? c'est un savant? un homme d'esprit? — Je le crois bien, dit-elle. Je passerais une année [18] à l'écouter sans en être ennuyée [19]. » Et elle se prit à énumérer les belles choses qu'ils avaient dites, lui ou elle. « Eh bien! vous n'êtes pas difficile à contenter. Cet homme est muet. J'avais fait la gageure [20] que vous ne vous en apercevriez pas. Ai-je gagné? » On juge si la dame fut confuse; mais elle ne se corrigea pas.

1. Anée. — 2. Oût. — 3. Malmeú. — 4. Gueúfle. — 5. Mal-Streúme. — 6. Aigu-illonne. — 7. Groume. — 8. Anghilles. — 9. Kan. — 10. Lan. — 11. Amieins. — 12. Agein. — 13. Sóne. — 14. Zo-ologiques. — 15. Co-ordon nées. — 16. S'en-norgueillir. — 17. Solanité. — 18. En-nuyée. — 19. Gajure.

IV

CLASSIFICATION ET PRONONCIATION DES CONSONNES.
CAS PARTICULIERS.

1. LABIALES B, P, F, V, W.
2. DENTALES D, T.

EXERCICE. Lisez à haute voix le récit suivant.

I. LE PLUS GRAND MALHEUR.

On agitait un jour devant Khosroès[1], roi de Perse, la question de savoir quelle est la plus grande infortune qui puisse frapper un vieillard. Le champ de la discussion était vaste. Un Égyptien[2] soutint avec aplomb[3] que pour celui qui sent déjà les symptômes[4] d'une destruction[5] prochaine, le plus grand malheur c'est de ne pas accepter[6] sa situation[7], de s'irriter de l'inertie[8] à laquelle il est condamné[9], et de regretter une vie dont la satiété[10] et les déceptions[11] ne l'ont pas encore dégoûté. Un Béotien[12] prétendit que la plus grande douleur c'était de supporter[13] la misère après avoir goûté l'opulence, de manquer du strict[14] nécessaire après avoir joui du superflu, d'être privé du respect[15] de ceux qu'on a humiliés par trop d'orgueil, et d'avoir à souffrir la pauvreté de Job[16] sans posséder sa patience[17]. Un marchand[18] de Bagdad[19], qui se mêla à l'entretien[20], dit que la souffrance la plus cruelle c'était d'être malade sans pouvoir compter[21] sur la guérison. D'autres virent le comble de l'infortune dans la situation[7] d'un vieillard abandonné par des enfants ingrats, qui n'a pu obtenir[22] l'affection[23] de personne, et à qui, dans son isolement profond[24], tout semble suspect[25] et menaçant. On allait se rallier à cette opinion lorsqu'un chrétien[26] d'Alep[27] survint, et dé-

1. K'hosroès avec *h* fortement aspiré. — 2. Egypcien. — 3. Aplon. — Symp'tômes. — 5. Destrucsion. — 6. Akcep'ter. — 7. Situacion. — 8. Inercie. — 9. Condãné. — 10. Saciéte. — 11. Décepcions. — 12. Béocien. — 13. Suporter. — 14. Strik'te. — 15. Respec. — 16. Jobe. — 17. Pacience. — 18. Marchán. — 19. Bagdade. — 20. Entrethien. — 21. Conter. — 22. Optenir. — 23. Affecsion. — 24. Profón. — 25. Suspec. — 26. Créthien. — 27. Alèpe.

clara qu'à ses yeux la plus déplorable position [1] était celle du vieillard qui, ayant déjà un pied [2] dans la tombe, ne peut se rappeler comme une consolation [3] une existence employée à pratiquer la vertu, et à mériter une vie meilleure. Une acclamation [4] s'éleva de tout l'auditoire, et Khosroès lui-même déclara que le chrétien avait résolu la question.

II. Des Allemands rassemblés de divers points : de Weimar [5], de Worms [6], du Wurtemberg [7], de la Westphalie [8], ont passé par Londres, et, après avoir visité le palais de Windsor [9], l'observatoire de Greenwich [10], se sont rendus à Liverpool [11], par le railway [12], et se sont embarqués de là pour New-York [13]. Ils comptent se fixer dans les environs de Washington [14].

1. Posicion. — 2. Pié. — 3. Consolacion. — 4. Acclamacion. — 5. Veïmar. — 6. Vorm's. — 7. Vurtembergue. — 8. Vest'phalie. — 9. Ouin'dzor. — 10. Grinitch. — 11. Liverpoul. — 12. Réloué. — 13. Niou-Yorke. — 14. Ouachign'tone.

3. GUTTURALES G ET C DURS, K, Q, KH, H.
CHUINTANTES CH, SCH, SH, SZ, CZ.

EXERCICE. Prononcez et écrivez tous les mots difficiles de cette leçon.

Lisez à haute voix le récit suivant.

LES TROIS TOURISTES.

I. Deux voyageurs qui s'étaient rencontrés dans un café d'Eisenach [1] se racontaient leurs ennuis. « Je suis né à Warwick [2], disait l'Anglais, et j'ai été élevé à l'arsenal de Woolwich [3], mais dès que j'ai pu disposer de moi, j'ai voyagé. J'ai été d'abord à New-York [4] en Amérique, dans le New-Jersey [5], et j'ai vécu quelques mois à Washington [6], Je passai ensuite au Texas [7] et à la Vera-Cruz [8] en pays espagnol. De là je m'embarquai pour l'Espagne ; je débarquai à Cadix [9] mais j'allai voir Xérès [10], la ville au vin liquoreux [11] ; je remontai le Guadalquivir [12] jusqu'à Séville [13], puis après une excursion dans les montagnes décharnées des Alpuxarres [14], j'arrivai à Valence, dans le pays des oranges ; je me baignai dans le Xucar [15] et le Guadalaviar [16], j'aurais bien voulu en faire autant dans le Mançanarès [17], qui passe à Madrid [18], mais c'était en été, il n'y avait pas d'eau. Après un pèlerinage à Notre-Dame d'Atocha[19], je gagnai le nord, je passai à Urgel[20], à Gerona[21], puis j'arrivai en France. Il va sans dire que je vécus quelque temps à Paris, mais je m'y ennuyais comme partout. Je passai à Amiens[22], puis de là à Aix[23], que les habitants appellent Achen[24], à Cologne, qu'on appelle Kœln[25] dans le pays, à Dusseldorf, à Gœttingue[26], puis enfin à Eisenach[1], où j'ai eu le bonheur de vous rencontrer. Au reste, je me suis ennuyé[27] partout, et je ne sais rien d'aussi ennuyeux que de voyager toujours, si ce n'est de vivre toujours dans le même endroit.

— Vous avez raison, dit le Russe; l'ennui est une maladie bien terrible. Moi aussi, j'ai voulu voyager pour faire comme tout le monde. J'ai commencé par un voyage en Orient; j'ai vu Smyrne, Jérusalem[28]; puis je suis revenu par la Grèce : j'ai visité Délos[29], consacrée à Phébus[30], Eleusis[31], consacrée à Cérès[32]; j'ai vu non-seulement Athènes, mais l'Acheloüs[33] et l'Achéron[34], fleuve des enfers; je me suis arrêté chez les moines du mont Athos[35] ou Monte-Santo, puis j'ai traversé la Chersonèse[36] de Thrace et me suis embarqué à Constantinople pour Odessa. Fantaisie m'a pris de voir les provinces de la Donau[37], que les Français appellent le Danube, et de la Pologne. J'ai passé à Galacs[38], à Iassy en Moldavie, à Czernowice[39], à Tarnopol, à Lemberg[40] en Gallicie, à Przemysl[41], à Rzeszow[42], à Tarnow[43], et j'ai séjourné à Cracovie, que les habitants appellent Krakow[44]....

1. Eïsenakh. — 2. Ouārik. — 3. Ououlitch. — 4. Niou-Yorke. — 5 Niou-Djerzey. — 6. Ouachign'tone. — 7. Tek'hasse. — 8. Croūss. — 9. Cadīss. — 10. K'herēss. — 11. Likoreux. — 12. Gouadalquivir. — 13. Seville, *l* mouillé. — 14. Alpouk'harres. — 15. K'houcar. — 16. Gouadalaviar. — 17. Man'sanarēss. — 18. Madride. — 19. Atotcha. — 20 Ourg'hel. — 21. G'herona. — 22. Amieins. — 23. Èxe. — 24. Ak'hen. — 25 Keûlne. — 26. Gueûtingue. — 27 En-nuyé. — 28. Jerusalème. — 29. Delōss. — 30. Phebūss. — 31. Eleusīs. — 32. Cérēss. — 33. Akéloūss. — 34. Achéron. — 35. Athoss. — 36. Kersonèse. — 37. Donaou. — 38. Galatch. — 39. Tchernovitse. — 40. Lem'bergue. — 41. Pjémouysl. — 42. Jéchof. — 43. Tarnof. — 44. Krakof.

4. SIFFLANTES. C DOUX, S, Z, X.

EXERCICE. I. Écrire et prononcer les mots difficiles de la leçon.
II. Lire à haute voix le récit suivant.

LES TROIS TOURISTES.

II. « J'ai visité Choczim [1], les mines de sel de Wilicza [2]; mais cela ne m'a pas intéressé du tout. J'ai voulu voir Wien [3], que les Français appellent Vienne; je me suis arrêté tour à tour à Schœnbrunn [4], à Lintz [5], à Regensburg [6], à Landshut [7], à München [8] ou Munich. De là je me suis dirigé sur Nürnberg [9] ou Nuremberg, puis sur Bramberg [10] et Francfort. J'ai séjourné une semaine aux eaux de Schlangenbad [11], et autant à Schwalbach [12]. Wiesbaden [13] est un peu moins ennuyeux; je n'ai cependant pas tardé à m'en lasser; j'ai passé par Giessen [14], Marburg [15], où j'ai visité le tombeau de sainte Élisabeth de Hongrie; c'est de là que je suis venu à Eisenach [16] pour voir le château de la Wartburg [17] où Luther s'est caché. J'avais fait précédemment une excursion en France. J'ai vécu successivement à Paris, à Bruxelles [18], à Metz [19]. Je me suis même arrêté dans de petites villes, à Auxerre [20], à Auxonne [21], à Auch, dans le département du Gers [22]. Mais j'ai eu beau chercher, je me suis ennuyé partout. Voulez-vous jouer aux cartes?

— Jouons aux cartes, dit l'Anglais en étouffant un bâillement.

— Messieurs, dit un étudiant allemand qui mangeait un hareng [23] dans un coin, je ne suis pas de votre rang [24]; mais voulez-vous me permettre de vous raconter aussi mon histoire?

« Je me nomme Claude Xavier [25]; je suis un des onze [26] élèves qui reçoivent gratis [27] l'instruction dans le duché, et l'un des huit qui ont eu le plus de succès [28] dans leurs études. Je n'ai donc [29] jamais eu beaucoup d'argent. J'ai voyagé un peu cependant, mais modestement, n'ayant pour tout bagage qu'un maigre sac [30] de voyage et un havresac [31] où se trouvaient des livres, un album et un atlas [32] des cartes du pays. Je vous avoue qu'en voyage je m'occupe peu de mon estomac [33], et que je ne m'inquiète pas dans quel lac [34] ont été pêchés, dans quels lacs [35] ont été pris les poissons ou le gibier qu'on me sert; mais j'observe les monuments, la nature et les mœurs [36], et je consigne par écrit les réflexions que cela me suggère [37]. Je voyage non pas en sceptique [38], ni en homme atteint du spleen [39], mais avec l'idée fixe de m'instruire, et je puis proclamer, sans me vanter, qu'après un laps de temps assez court et une somme d'argent fort minime, j'ai vu mes connaissances se doubler. Loin de ressembler à l'eau stagnante [40] d'un étang [41], mon esprit s'empare de tout ce qu'il trouve à sa portée, comme le ruisseau qui ronge ses rives. Je ne m'ennuie jamais en voyage, parce que je m'occupe sérieusement de ce qui se passe sous mes yeux, parce que je cherche le sens de tout, et qu'il n'est rien qui ne me semble digne d'intérêt. Oserai-je vous proposer de faire comme moi? »

Quand il eut fini de parler, il s'aperçut que ses deux auditeurs s'étaient endormis.

1. K'hotchime. — 2. Vilitcha. — 3. Vine. — 4. Cheûn'brune. — 5. Lintse. — 6. Reghensbourgue. — 7. Lands-houte. — 8. Mun'chène. — 9. Nurn'bergue. — 10. Bram'bergue. — 11. Chlanghen'bade. — 12. Chvalbakh. — 13. Vizbaden. — 14. Ghissen. — 15. Marbourgue. — 16. Eïsenakh. — 17. Vart'bourgue. — 18. Brusselles. — 19. Mēsse. — 20. Ausserre. — 21. Aussonne. — 22. Gerss. — 23. Harēn. — 24. Rān. — 25. Gzavier. — 26. Des honze. — 27. Gratīss. — — 28. Suksēs. — 29. Donque. — 30. Sake. — 31. Havresake. — 32. Atlāss. — 33. Estoma. — 34. Laque. — 35. Lās. — 36. Meurss. — 37. Sugjère. — 38. Séptique. — 39. Spline. — 40. Stag'nante. — 41. Étān.

5. LIQUIDES L, M, N, R.

EXERCICE. I. Écrire et prononcer tous les mots difficiles de cette leçon.

II. Lire à haute voix le récit suivant.

LE CHARPENTIER TROP PRESSÉ.

Hé, dites donc [1], monsieur! vous qui connaissez le pays, arriverai-je [2] bientôt à Séville [3]?

Celui qui interpellait [4] ainsi était un charretier [5] conduisant une charrette [6] lourdement chargée dans un sentier creusé par un torrent [7]. C'était en automne [8] : le sol était humide et glissant, et il fouettait ses chevaux à grands tours de bras pour les faire avancer.

Le voyageur s'était retourné.

1. Dōn. — 2. Ariverai. — 3. Seville (l mouillé). — 4. Chartié. — 5. Charette. — 6. Interpel'lait. — 7. Tor'rent. — 8. Autonne.

— Pourrai-je[1] arriver sur les onze[2] heures à la ville ? répéta le charretier[3].

— Oui, si vous allez[4] plus lentement, dit le passant.

— Un gentil[5] conseil que vous me donnez-là, mon père! dit-il en se servant d'une appellation[6] familière. Vous faites erreur[7] évidemment[8], plus je courrai[9], plus tôt j'arriverai[10].

— Si vous ne courez pas, vous arriverez ce matin; si vous courez, vous n'arriverez pas même ce soir, reprit le voyageur en s'éloignant.

— Vraiment, ce voyageur est fou, ou me prend pour un imbécile[11], se disait le charretier. Mes chevaux ne sortiront jamais de cet enfer[12] si je ne leur donne pas un peu de nerf[13] en les fouettant.

Le soir le voyageur repassa par le même endroit. Le charretier y était encore. Il avait si bien fouetté ses chevaux qu'ils s'étaient mis à courir dans ce terrain[14] irrégulier[15] et l'une des roues s'était brisée. Il était assis, triste et immobile[16], laissant flotter ses cheveux à la brise automnale[17]; et n'osait s'éloigner pour chercher un charron[18], craignant qu'on ne profitât de son absence pour alléger[19] la charrette d'une partie de son contenu, et il se demandait avec inquiétude ce que devait penser la señora[20] Mencia en ne le voyant pas arriver avec les objets qu'elle attendait.

— Vous aviez bien raison, dit-il au voyageur en l'apercevant; si je m'étais moins pressé, ma roue ne se serait pas brisée et je serais à Séville[21] depuis longtemps.

— Ne vous désolez pas, mon fils, lui dit le passant; je vous enverrai[22] un charron, votre charrette sera réparée, et si vous n'êtes pas à la ville ce soir, vous y serez demain. Seulement à l'avenir, n'oubliez pas cette maxime : Qui se hâte trop arrive tard.

1. Pourai-je. — 2. Lèonze. — 3. Alez. — 4. Genti. — 5. Appel'lation. — 6. Er'reur. — 7. Evidament. — 8. Cour'rai. — 9. Imbecile. — 10. Enfēre. — 11. Nerfe. — 12. Tērain. — 13. Ir'régulier. — 14. Im'mobile. — 15. Autom'nale. — 16. Chāron. — 17. Al'léger. — 18. Ségnora. — 19. Envērai.

6. LIAISON DES MOTS.

7. EXPRESSION.

RÉPONSE A QUELQUES QUESTIONS.

Lier les mots dans la conversation et la lecture, c'est faire sonner la dernière consonne d'un mot sur la voyelle du mot suivant.

Quand la dernière lettre est une voyelle, on ajoute quelquefois une lettre euphonique pour faire la liaison.

Pour les autres réponses, voir le texte de la *Grammaire* et aussi le *Résumé.*

FIN DE LA SECONDE PARTIE.

TABLE DES MATIÈRES.

SECONDE PARTIE. — ORTHOGRAPHE.

FIN DE LA TABLE.

8261. — IMPRIMERIE GÉNÉRALE DE CH. LAHURE

Rue de Fleurus, 9, à Paris.

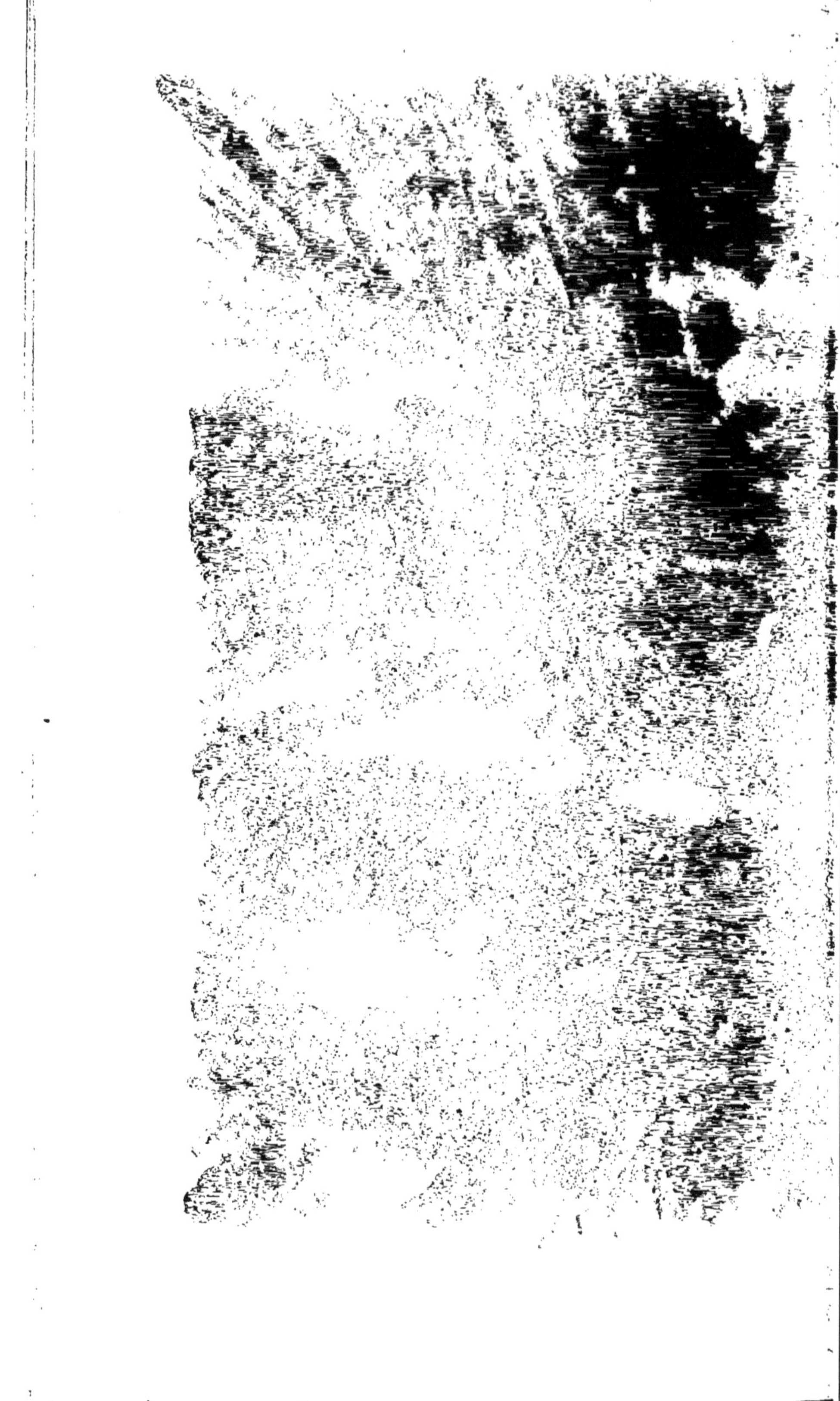

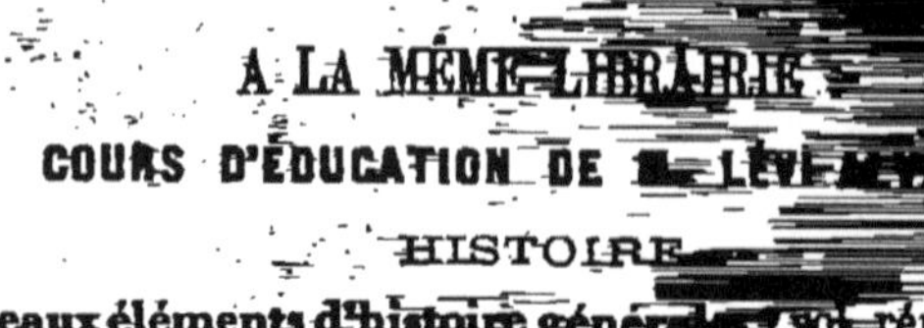

A LA MÊME LIBRAIRIE

COURS D'ÉDUCATION DE M. LÉVI ALVARÈS

HISTOIRE

Nouveaux éléments d'histoire générale. 1 vol. réunis gr. in-18, brochés. 4 fr. 50

Esquisses historiques. 1 vol. grand in-18, broché. 2 fr.

Manuel historique des peuples anciens et modernes. 1 vol. gr. in-18, broché. 1 fr.

Tableau synoptique de l'échelle des peuples. 1 fr. 50

Recueil de tableaux historiques, pour servir d'exercices à l'enseignement des *Histoires racontées*. Petit in-fol. cart.

Énigmes historiques, ou Petit musée classique. 1 vol. gr. in-18, broché. 1 fr. 50

Histoire universelle, ou Explication des Énigmes historiques. 1 vol. gr. in-18, broché. 3 fr. 50

Histoire classique des reines de France. 1 vol. gr. in-18, fig., broché. 3 fr.

Abrégé méthodique d'histoire de France. 1 vol. gr. in-18, broché. 4 fr. 50

Questionnaire d'histoire de France. In-18, broché. 75 c.

GÉOGRAPHIE

Abrégé méthodique de géographie générale, ou Études géographiques. 1 vol. gr. in-18, broché. 3 fr. 50

Le Tour du monde, ou Premières études géographiques par voyages. 1 vol. gr. in-18, broché. 1 fr. 50

Atlas géographique et historique ancien et moderne. In-4° oblong, cart. 9 fr.

Tableau géographique de la France. 75 c.

LANGUE FRANÇAISE

Grammaire normale des examens, ou Solutions raisonnées de toutes les questions sur la grammaire française, proposées dans les examens de France, par MM. Lévi et Rivail. 3e édition. 1 vol. gr. in-18, cart. 2 fr. 50

Dictées normales des examens, recueillies et choisies dans les examens de la Sorbonne, de l'hôtel de ville de Paris, etc., avec des notes grammaticales, étymologiques, historiques et anecdotiques sur l'origine et l'orthographe d'un grand nombre de mots, par les mêmes. 3e édit. 1 vol. gr. in-18, cart. 2 fr. 25

Le nomenclateur orthographique, premiers exercices d'orthographe. 1 vol. gr. in-18, broché. 2 fr.

Les omnibus du langage. 1 vol. grand in-18, broché. 2 fr.

Questionnaire grammatical et littéraire. Gr. in-18, br.
Le Questionnaire littéraire, séparément.

Imprimerie générale de Ch. Lahure, rue de Fleurus, 9, à Paris